本书受教育部人文社科青年项目基金(编号 18YJC860039)资助

文澜学术文库

农村公共服务中电视媒体的平台化转型

徐 锐 / 著

中国社会科学出版社

图书在版编目（CIP）数据

农村公共服务中电视媒体的平台化转型／徐锐著．—北京：
中国社会科学出版社，2022.10
（文澜学术文库）
ISBN 978 - 7 - 5227 - 1178 - 2

Ⅰ.①农⋯　Ⅱ.①徐⋯　Ⅲ.①电视—传播媒介—研究
Ⅳ.①G22

中国版本图书馆 CIP 数据核字（2022）第 242945 号

出 版 人	赵剑英
责任编辑	张　潜
责任校对	马婷婷
责任印制	王　超

出　　　版	中国社会科学出版社
社　　　址	北京鼓楼西大街甲 158 号
邮　　　编	100720
网　　　址	http://www.csspw.cn
发 行 部	010 - 84083685
门 市 部	010 - 84029450
经　　　销	新华书店及其他书店

印　　　刷	北京君升印刷有限公司
装　　　订	廊坊市广阳区广增装订厂
版　　　次	2022 年 10 月第 1 版
印　　　次	2022 年 10 月第 1 次印刷

开　　　本	710 × 1000　1/16
印　　　张	11. 25
字　　　数	168 千字
定　　　价	59. 00 元

凡购买中国社会科学出版社图书，如有质量问题请与本社营销中心联系调换
电话：010 - 84083683

总　　序

　　中南财经政法大学新闻与文化传播学院建院虽然只有十余年，但院内新闻系、中文系和艺术系所属学科专业都是学校前身中原大学 1948 年建校之初就开办的，后因院系调整中断，但从首任校长范文澜先生出版《文心雕龙讲疏》开始其学者生涯，到当代学者古远清教授影响遍及海内外的台港文学研究，本校人文学科的研究是薪火相传，积淀丰赡。

　　1997 年，学校重新开办新闻学专业，创建新闻系，相关学科专业建设开始步入新的发展阶段。2004 年，新闻与文化传播学院组建。近年来，在学校建设"高水平、有特色的人文社科类研究型大学"的发展目标的指引下，中文系和艺术系又相继在 2007 年和 2008 年成立，人文学科迅速得到恢复和发展。

　　为了检阅本院各学科研究工作的实绩，进一步推动研究的深入和学科的发展，我们将继续编辑出版本院教师系列学术论著"文澜学术文库"丛书。

　　丛书以"文澜"命名，一是表达我们对老校长范文澜先生的景仰和怀念，二是希望以范文澜先生的道德文章、治学精神为楷模以自律自勉。

　　范文澜先生曾在书斋悬挂一副对联："板凳要坐十年冷，文章不写一句空。"这种做学问的自律精神在今天更显得宝贵和具有现实意义。《文心雕龙讲疏》是范文澜先生而立之年根据在南开大学的讲稿整理完成的第一部学术著作，国学大师梁启超为之作序："展卷诵读，知其征证详核，考据精审，于训诂义理，皆多所发明，荟萃通人之说而折衷之，使义无不明，句无不达。是非特嘉惠于今世学子，而实大有勋劳于舍人也。"学术研究之意义与价值，贵在传承文明、承前启后、继往开来、推陈出新。范文澜先生之《文心雕龙讲疏》后又经多次修订，改名《文心雕龙注》以传世，作者有着严谨的学风、精益求精的精神，实为吾辈楷模。正因如此，其著作乃成为《文心雕龙》研究史上集旧注之大成、开新世纪之先河的里程碑式的巨著。

先贤已逝，风范长存。高山仰止，景行行止。虽不能至，然心向往之。

是为序。

胡德才

2015 年 7 月 6 日于武汉

自　序

2020年是脱贫攻坚决战决胜之年。全面脱贫后，做好脱贫攻坚与乡村振兴的有效衔接，直接关系着脱贫成果的巩固、农村社会的稳定和全面小康的进程。习近平同志指出，没有文化的小康，全面建成小康社会就无从谈起。加强农村基础设施建设和提升公共服务水平是乡村振兴战略的核心要义，是推动新时代"三农"发展的重要引擎。党中央把公共文化服务体系建设作为全面建成小康社会的重要内容，以基层特别是农村为重点，全面提升广播电视公共服务能力。

电视媒体是提供农村公共文化服务的重要载体，是推进城乡文化一体化发展的综合工具。随着媒介融合向纵深发展，服务"三农"的电视媒体因其覆盖区域、报道内容和受众定位等因素的局限，面临着"渠道失灵""被边缘化"的危机。同时，人民日益增长的美好生活需要和不平衡不充分的发展之间的矛盾，在农村社会尤为突出。当前电视媒体服务"三农"的新产品、新服务和新业态没有得到充分、有效供给，难以满足广大农民日益增长和变化的多元服务需求。因此，电视媒体如何借助新媒体技术和品牌公信力，转型为与现代农业跨界融合的服务"三农"的新媒体平台，实现农业产业链上中下游需求与供给的精准对接，提升农村广播电视公共服务的质量与效率，显得迫切而重要。

传统电视的融合转型，面临着"内容+渠道"优势不再、失去与用户有效连接等多重难题。"如何对接入口级平台的流量资源，利用本土化资源优势成为连接各类社会资源供需关系、实现变现的连接中介及'节点',是传统电视破解这一难题的关键。"① 在新媒体环境下,电视媒体"平台化"转型的关键是开放、聚合、社交和跨界。平台思维意味着"在资源观上从封闭到开放,在利益观上从独占到共享,在组织观上从层级控制到对等协作,在价值观上从产业链视角到企业网络和商业生态系统视角"②。"平台化"成为传统电视融合发展的应对之道。

平台作为经济学"双边市场理论"的核心概念,近年来被引入传媒业。黄升民教授认为平台是"一个实现双方(或多方)主体互融互通的'通用介质'(标准、技术、载体、空间等),它能够实现需求力规模经济和供给力规模经济的对接"③。谭天教授提出传媒经济的本质是意义经济,他认为,"意义经济是指媒介产品通过传播过程并使人们产生生产、流通和消费行为从而实现其商业价值的活动"④。媒体平台作为一种新的媒介组织形态登上历史舞台,它是连接者、匹配者与市场设计者,带来技术驱动的大规模社会化协作,实现聚合资源、响应需求和创造价值三大功能。媒体平台连接人的线上与线下生活,融合虚拟经济与实体经济,成为全球经济增长的重要引擎。

本书为对策型研究,以农村公共服务中电视媒体的平台化转型为主要研究对象,选取湖北垄上传媒这一电视媒体与现代农业跨界融合的创新示范为个案,从媒体平台理论切入,综合运用传媒经济学、信息传播学等多学科交叉视角,按照"农村电视公共服务的发展历程与现实图景—农村公共服务中电视媒体的平台化转型动因—农村公共服务中电视媒体的平台化转型路径—服务三农新媒体平台的构成方式—服务三农新媒体平台的运行机制—农村公共服务中电视媒体平台化转型的困境与出路"这一思路展开研究,以期为电视媒体的平台化转型提供借鉴,为政府开展农村公共服务提供政策支持。

---

① 徐锐:《精准扶贫背景下涉农电视的"平台化"转型》,《编辑之友》2018 年第 7 期。
② 谷虹:《全媒体转型必须以平台化再造为核心》,《媒体时代》2012 年第 4 期。
③ 黄升民、谷虹:《数字媒体时代的平台建构与竞争》,《现代传播》2009 年第 5 期。
④ 谭天:《媒介平台论:新兴媒体的组织形态研究》,中国人民大学出版社 2016 年版,第 35 页。

　　绪论部分，介绍本书的研究背景与意义、国内外相关研究综述以及研究内容和方法。第一章为农村电视公共服务的发展历程与现实图景。这部分系统梳理农村广播电视公共服务各阶段的发展状况与特点。当前，农村广播电视公共服务存在传输覆盖区域发展不平衡，内容服务供应不足与错位，财政保障经费来源单一、不充足等现实困境。第二章为农村公共服务中电视媒体的平台化转型动因。这部分结合农村广播电视公共服务的现实困境突围和"互联网+"时代电视媒体公共服务职能拓展等两个方面展开：通过重塑农民主体地位、突破单一收入模式和深化电视融合转型实现农村电视公共服务职能的回归；通过将"传统农民""新型农民"和"涉足农业的城市人"等多元主体纳入服务三农的新媒体平台体系，充分调动市场机制满足用户多元化需求，拓展电视媒体的公共服务职能。第三章为农村公共服务中电视媒体的平台化转型路径。这部分以全国服务"三农"的一面旗帜——湖北垄上传媒为样本，通过实地调查和案例分析，将垄上传媒的平台化转型路径概括为三步走，极具示范推广价值。第四章为服务三农的新媒体平台的构成方式。这部分以垄上传媒为样本，分析服务三农的新媒体平台的基本特性、相关角色、构成模块和核心功能。第五章为服务三农的新媒体平台的运行机制。这部分着眼于转型为平台的电视媒体如何管理内外资源，实现价值循环。以垄上传媒为样本，除了与系统基础平台和外围合作平台的开放合作，服务三农的新媒体平台的运行主要围绕三条产品线——频道内容产品线、农资渠道产品线和平台数据产品线，生成包括内容平台、关系平台和服务平台三位一体的服务三农的新媒体平台。第六章为农村公共服务中电视媒体平台化转型的问题与出路。这部分紧扣农村公共服务中电视媒体平台化转型的焦点问题，探寻可行出路。垄上平台只是传统电视平台化转型的初步尝试，还存在一些认识误区和实践困境。由此，农村公共服务中电视媒体平台化转型需要从移动优先、以科学技术为导向、变革组织机制催生化学反应、从不同主体视角下探索媒体平台治理模式等方面来实现可持续性发展。

　　新时代，广播电视公共服务的主要矛盾已经转化为人们听好看好用好广播电视的需要和不平衡不充分发展之间的矛盾。因此，现阶段广播电视转型升级的战略重点就是运用互联网思维，增强用户意识，对接互联网平台，提供场景化消费，着力解决供给与需求之间的不适配，提升广播电视公共服务的质量与效率。广播电视媒体应按照乡村振兴、区域协调发展和智慧广电等战略部署，聚焦人民听好看好用好广播电视的现实需求，推进"智慧广电+公共服务"建设。围绕公共服务的标准化、均等化、覆盖率和适用性等关键要素，加快构建现代化广播电视公共服务体系，不断提升人民的获得感、幸福感和安全感。

　　目前，河南电视台新农村频道、山东电视台农科频道、天津电视台公共频道、福建电视台公共频道等对农电视媒体纷纷借鉴湖北垄上模式，主动融合新媒体开拓市场，探索针对农村地区的产业扶持和导入新模式。尽管垄上模式只是传统媒体平台化转型的初步尝试，但是垄上传媒的实践表明：决定平台成功与否的"最后一公里"，在于是否高效便捷地解决了因信息不对称而带来的供需不适配问题；在于是否降低了人们交易的时间成本和机会成本；在于是否满足了个性化、场景化的消费需求。随着实践的不断深入，媒介技术的不断更新，用户需求的不断升级，垄上平台还有很多可以丰富和完善的地方，还将带给人们关于传统媒体平台化转型路径的更多的想象空间。可以说，以垄上平台为代表的服务三农的新媒体平台的成长、复制与迭代是一个值得关注、具有长久生命力的研究命题。

徐　锐

湖大琴园

2021 年 11 月

目　录

绪　　论

　　电视媒体是提供农村公共文化服务的重要载体，是推进城乡文化一体化发展的综合工具。党的十八大以来，我国广播电视公共服务取得了显著成就，实现了由"村村通"向"户户通"的跨越，基本满足了全国人民听到广播看到电视的公共文化需求。当前中国特色社会主义进入新时代，广播电视公共服务的主要矛盾已经转化为"人民听好看好用好广播电视的需要和不平衡不充分发展之间的矛盾，突出表现为标准化和均等化建设有待加强，覆盖面和适用性亟须提高，不能完全满足人民高质量、多元化的公共服务需要，不能完全适应信息技术革命的发展实践"①。随着"村村通"和西新工程的实施与推进，我国农村广播电视公共服务正从补缺型向普惠型方向转型升级。但是，受政府单一供给模式与管理体制机制约束等影响，农村广播电视公共服务的新产品、新服务和新业态的供给潜力没有得到有效释放，难以满足广大农民日益增长和变化的服务需求。电视媒体如何借助新媒体技术和品牌公信力，转型为与现代农业跨界融合的服务三农的新媒体平台，实现农业产业链上中下游需求与供给的精准对接，提升农村广播电视公共服务的质量与效率，显得迫切而重要。

---

① 《广电总局印发〈关于加强广播电视公共服务体系建设的指导意见〉的通知》，2020年6月1日，http://www.nrta.gov.cn/art/2020/1/6/art_113_49392.html。

一　研究背景与意义

（一）选题背景

1. 电视媒体发展遭遇瓶颈

随着新媒体的崛起和传媒市场竞争的加剧，当前电视媒体在经营上正遭遇前所未有的困境。中国互联网络信息中心（CNNIC）发布的第49次《中国互联网络发展状况统计报告》显示，"截至2021年12月，我国网民规模达10.32亿，较2020年12月增长4296万，互联网普及率达到73%，较2020年12月提升了2.6个百分点；我国手机网民规模达10.29亿，较2020年12月增长4373万人，网民使用手机上网的比例达99.7%；我国农村网民规模为2.84亿，占网民整体的27.6%"①。

互联网技术带来传媒市场巨变，就对农电视媒体而言，既是前所未有的挑战，也是前所未有的机遇。互联网具有低门槛、即时性、互动性、获取信息的海量性等特点，能综合运用多种媒介和终端，实时、全面地展示信息内容，这使得传统媒体受众的注意力不断被互联网吸引。在农村的年轻人口中，新媒体逐步取代电视成为获取信息的主要方式，电视媒体的受众大量流失。传统电视媒体在运营过程中，以广告收入作为主要收入来源，受众流失导致广告收入的下降，对电视媒体的运营带来极大挑战。当前广告投入大规模向新媒体市场倾斜导致电视媒体的广告收入大幅缩水，节目生产制作所投入的大量人力、物力、财力难以变现，电视媒体的发展陷入困境。传统电视依赖广告创收的单一收入模式已经难以适应全媒体时代的经营方式。

然而，互联网技术为电视媒体发展带来的不仅只有挑战，也带来发展的新机遇，互联网拓展了传播的边界。传统电视媒体能够通过互联网与受众实时互动，并可通过"互联网+电视"等多渠道进行信息分发，信息传播覆盖范围更广泛。为适应互联网带来的冲击，电视媒体逐步转变自身的商业运作模式，运用共创共享共赢的"平台思维"，运营社群和粉

---

① 中国互联网络信息中心：《第49次中国互联网络发展状况统计报告》，2022年5月7日，http://www.cnnic.cn/gywm/xwzx/rdxw/20172017_7086/202202/t20220225_71724.htm。

丝经济，提升破圈层传播效能。此外，电视媒体不断优化对农公共服务形式，孵化对农 IP 品牌，运用传播机制对传统商业进行改造，借助本土化优势和连接能力，将非内容的各类要素导入社会与行业的媒介化重构过程之中。以构建媒体平台参与农产品生产销售产业链的方式，弥补电视终端受众流失带来的影响，探索适合互联网环境的对农电视媒体运作新模式，突破收入来源单一的现实困境。依托电视媒体的影响力和传播力、借势新媒体进行融合转型，这已成为当前传统电视突围的一个可能路径。

2. 广播电视公共服务的局限性

我国是农业大国，但由于"事业单位、企业化管理"的传媒体制影响，媒体信息资源大多集中在城镇地区，对农传播长期处于较为边缘的地位，农村受众获取信息的媒介渠道有限，这对农民的媒介使用权与话语权造成较大损害。在广播电视节目制作与播出中，对农电视节目在全国电视节目中占比不高，据《2020 年全国广播电视行业统计公报》数据显示，"2020 年全国制作农村广播节目时间 139.00 万小时，同比增长8.02%，占制作广播节目时间的 16.93%；播出时间 459.26 万小时，同比增长 1.69%，占播出公共广播节目时间的 29.05%。制作农村电视节目时间 71.38 万小时，同比增长 5.59%，占制作电视节目时间的 21.75%；播出时间 452.02 万小时，同比增长 6.40%，占播出公共电视节目时间的22.73%"[1]。尽管农村广播电视节目时间同比有所增长，但是与占总人口40%的农村常住人口相比，农村广播电视节目的制作与播出时长只占20%左右，庞大的农村人口与农村媒体资源之间的错位凸显，这是当前对农电视公共服务存在的主要问题之一。

"作为公共部门职能的一部分，广播电视公共服务的目标和任务是通过发布公共信息为社会公众服务，进而为社会公众和文化活动创造条件、提供保障，实现服务型广播电视职能的转变。"[2] 新中国成立以来，我国

---

① 《2020 年全国广播电视行业统计公报》，2021 年 5 月 7 日，http：//www.nrta.gov.cn/art/2021/4/19/art_113_55837.html。

② 张国涛：《广播电视公共服务的基本内涵》，《现代传播》2008 年第 1 期。

广播电视公共服务经历了从"宣传"到"传播"的服务方式嬗变,在一定程度上实现了双向互动的目的。但是,目前广播电视公共服务还是以提供单一的信息产品为主,并没有充分调动起受众的积极性。随着城市化进程的加快与农村数字化建设的推广,农村人口结构逐渐产生变化,新型职业农民逐渐增多,与传统农民一起构成当前对农电视媒体的受众主体。在这种情况下,随着受众认知与身份的变化,其对电视节目的需求正在产生变化。

"互联网+"时代,媒体在信息传播的过程中面对的不再是受众而是用户,不仅要提供信息产品还要提供服务产品,这样才能抓住用户的需求心理,将其纳入到传播体系中,使之成为主动的参与者。"广播电视公共服务内容的外延是不断发展的,除了节目,还可以办活动、搞经营、做市场"①,电视媒体除了可读、可看、可听,还可以通过产业运作提供更多服务来响应用户可用、可玩的多元化需求。这不仅是广播电视公共服务内涵与外延的拓展,更是电视媒体单一广告收入模式的突围方式。

3. 电视参与农业产业链的可能性

2020年是脱贫攻坚战收官之年,习近平总书记在决战决胜脱贫攻坚座谈会上发表重要讲话,为打赢脱贫攻坚战指明了方向,提供了根本遵循。电视媒体积极打造"媒体+精准扶贫"模式,创新"公益广告或电视节目+消费扶贫""短视频或直播+消费扶贫"等新节目形态,把贫困地区特色农产品销售与主流电视节目、网红主播结合起来,搭建贫困地区农产品生产、流通和消费的全产业链平台,提升扶贫产品的品牌知名度和破圈层传播能力。广播电视媒体应充分发挥传播覆盖、平台整合和品牌公信力、影响力等优势,使广播电视深度参与农业产业链运营,推动扶贫攻坚和乡村振兴有效衔接。

在我国农村,电视是农民最有能力拥有、最常使用的媒介产品。电视媒体拥有最广泛、最稳定的农村受众群,它是农民获取农业政策信息、

---

① 石长顺、石婧:《2010年中国广播电影电视发展报告》,光明日报出版社2013年版,第134页。

农产品市场信息的主要渠道，电视媒体与农村市场具有天然的接近性。另外，农村一直是我国广播电视公共服务建设的重点区域，我国每个省份的地面频道几乎都设有专门的对农电视节目甚至是对农电视频道。长久以来，对农电视节目和对农电视频道同所覆盖的农村市场建立起密切联系，农民依赖对农电视节目和对农电视频道获取相关信息。反之，对农电视节目和对农电视频道也收集了农村地区的大量数据，这些数据就成为电视媒体参与农村产业链的关键要素。

以湖北广电垄上传媒为代表的对农电视媒体，依托多年积累的品牌公信力和完善的数据信息，搭建起服务三农的新媒体平台，实现江汉平原农业产业链上中下游需求与服务的精准对接，利用城市市场有效化解农村剩余产能，创新农村公共服务提供方式，获得社会效益与经济效益的双赢，极大发挥了电视媒体在农村公共服务中的媒体价值，造就了中国传媒业一个全新的产业链模式——"垄上模式"，成为"互联网+"时代电视媒体与现代农业跨界融合的典范。垄上传媒的实践证明，"农村广播电视公共服务的发展方式并非只有单纯依赖财政投入一种方式，在财政投入的扶持下，对农节目只要办出特色，办出质量，为广大农村群体所认可，同样可以引入市场机制，进行产业运作，实现公共服务提供方式的创新"[①]。垄上传媒的成功为电视媒体广泛而深入地参与农村产业链提供了参考路径。

（二）选题意义

1. 理论意义

（1）分析农村公共服务中电视媒体的平台化转型路径、平台构成方式与平台运行机制，有助于丰富媒体平台理论，为"互联网+"时代传统媒体的平台化转型提供理论基础。

（2）服务三农的新媒体平台参与农村公共服务是"互联网+"时代电视媒体与现代农业跨界融合的创新举措，分析这种融合路径有助于丰富媒介融合理论，让电视成为融合黏聚中心，为打造多元电视传媒服务产业链提供理论依据。

---

① 庞井君：《2010 年中国广播电影电视发展报告》，新华出版社 2010 年版，第 295 页。

（3）将电视媒体的平台化转型与农村公共服务结合起来，分析电视媒体如何通过"平台化"转型更好地实现公共服务，有助于拓展公共服务边界，丰富公共服务理论，为新时期农村公共服务体系建设和广播电视公共服务体系发展完善提供理论支持。

2. 现实意义

（1）分析电视媒体依托服务三农的新媒体平台开辟新产品、新服务和新业态的实践路径，有助于传统电视媒体打破依靠广告的单一收入模式，提升电视媒体的组织效率，拓展电视产业的发展空间。

（2）分析电视媒体在现代农业中产业集聚、供需对接的平台价值，有助于解决农村信息不对称问题，推动农业供给侧结构性改革，为政府开展农村公共服务提供政策依据。

二　国内外研究综述

（一）电视公共服务的相关研究

国内专门针对电视公共服务的研究并不多，大多数学者习惯将广播与电视合而论之，统称为"广播电视公共服务"。我国真正意义上的广播电视公共服务建设始于 20 世纪末的广播电视村村通工程，直到 2004 年 10 月国家广电总局才明确提出"广播电视公共服务"这一专有概念。广播电视公共服务与西方的公共服务广播电视不是一个等同的概念。尽管二者在"公共性""公共利益"上具有某种关联，但是二者的区别主要表现在："后者是作为广播电视的一种体制，目前在我国还不存在。而前者则是作为一种范式提出的，它强调的是广播电视的公共服务职能的转变，它本身是政府公共服务的重要组成部分，体制仅是其中的一个要素。"[①] 关于广播电视公共服务的研究主要集中在以下几个方面。

1. 广播电视公共服务的基本概念

与国外"公共服务广播电视"这一广播电视体制相区别，广播电视公共服务是政府公共服务的重要组成部分。国家广电总局发展研究中心编著的《中国农村广播影视公共服务》（2008）一书认为，"公共服务"

---

① 石长顺、石婧：《中国广播电视公共服务》，光明日报出版社 2013 年版，第 23 页。

是指公共部门和其他部门为满足社会公共需求，提供公共产品的服务行为的总称。广播电视公共服务属于社会性公共服务，具有非排他性、非竞争性的一般属性和意识形态属性、消费主体性、服务层次性等独特属性。张海涛认为，"根据服务方式的不同，可将广播电视公共服务分为义务性的基本服务、公益性的有偿服务和多样性、个性化的市场服务"①。夏倩芳、陆地、任金洲、张国涛等学者从媒介的"公共性"特性、"公共利益"等方面深入探讨，认为广播电视公共服务最核心的是维护公共利益。

此外，国家广电总局发展研究中心副主任杨明品认为，"广播电视公共服务属于社会性公共服务，既具有社会性公共服务的一般属性，也具有公共文化服务的特殊性和作为传播媒介服务的特殊性"②。北京市广播电视局政策法规处的袁正领、魏蕾从服务的责任主体、服务对象、服务的根本目的和服务方式入手，认为广播电视公共服务是"为实现社会公共信息、文化利益需求，由政府及其广播电视主管部门主导、面向社会公众有计划地提供广播影视产品和服务活动的统称"③。

2. 广播电视公共服务的体系建设研究

2004 年国家广电总局首次提出要在我国"建立公共服务广播电视体系"，催生广播电视公共服务体系的结构支柱研究，即渠道建设、内容生产以及广播电视公共服务的运营体系研究。它主要探讨在参与主体上，主张以政府为主导、社会广泛参与；在资金上，主张以公共财政为主，以社会多样化资金来源为辅的投入渠道；在监管上，主张建立科学的监管评估体系。

广播电视公共服务体系建设研究对体制问题的争论最多。杨明品等认为，"要在现有的一元体制下实现内部的分离，在广播电视机构内部将

<hr>

① 张海涛：《努力构建覆盖城乡的广播影视公共服务体系》，《广播电视学刊》2007 年第 6 期。
② 杨明品、李江玲：《中国广播电视公共服务理论几个基本命题探析》，《中国广播电视学刊》2011 年第 1 期。
③ 袁正领、魏蕾：《对广播电视公共服务几个基本问题的思考》，《现代传播》2009 年第 1 期。

公共服务职能和商业职能分开管理"①；学者石长顺、程洪涛"从广播电视公共服务的覆盖、内容、体制、评估和保障等方面全面论述了广播电视公共服务体系的建构"②。在体系建设理念上，杨明品等指出"要构建一个符合中国国情的广播电视公共服务体系，必须使之与中国现有的广播电视体制和中国特色的社会主义市场经济相匹配。在政府主导下，成立管理委员会，在相关法律法规的指导下，从频道和节目内容的生产上，探索其具体实现模式"③。

3. 农村地区广播电视公共服务研究

农村地区是我国广播电视公共服务的重点。目前，对农村广播电视公共服务的研究主要集中在：一是对"村村通工程""西新工程"等惠民工程和优质涉农媒体的实证调研；二是对农村广播电视公共服务体系建设的研究，包括深化农村地区广播电视公共服务应从政策推进、网络覆盖、内容建设和考核机制等方面入手；发挥新媒体在农村公共服务建设中的作用，建立以政府为主导，以农民需求为导向的多方参与的多元供给模式。

杨明品从体系建设角度出发，认为"当前我国农村广播电视公共服务发展面临新的转型，未来应从政策推进、网络覆盖、内容服务和考核机制等方面深化农村地区广播电视公共服务体系建设"④；朱天、李晓从媒介技术的角度论述了新媒体在农村公共信息服务体系建设中的重要价值；⑤ 国家广电总局广播科学研究院朱海波等学者从政府责任、市场、第

---

① 杨明品、李江玲：《建立健全中国广播电视公共服务体系》，《中国广播电视学刊》2011 年第 6 期。

② 石长顺、程洪涛：《中国广播电视公共服务体系建构》，《河南社会科学》2010 年第 9 期。

③ 杨明品、李江玲：《中国广播电视公共服务理论几个基本命题探析》，《中国广播电视学刊》2011 年第 1 期。

④ 杨明品：《关于深化农村广播电视公共服务体系建设的思考》，《中国广播电视学刊》2012 年第 3 期。

⑤ 朱天、李晓：《论新媒体在新农村公共信息服务体系建设中的功效》，《西南民族大学学报》（人文社会科学版）2012 年第 8 期。

三方参与等方面探讨了农村广播电视公共服务供给的可行思路。①

4. 服务三农的媒体相关研究

张学洪在《中国农村新闻传播现状研究》一文中较早从媒介视角关注农村发展。祝建华教授认为农村受众是研究农村传播的现实定位和逻辑起点，提出中国农村的伟大变革是在经济、科技和社会三个层面上的共时协调发展。② 徐敬宏等国内学者普遍认识到媒体"城镇化"与农村信息"荒漠化"两级极化现象。③ 夏倩芳采取问卷调查的方式，了解我国公众如何评价目前广电媒体在公共服务方面的表现，以及他们期待如何改善，希望借此为我国广电媒体改进其公共服务之作为提供实证支持。④ 陈力丹等着力研究传媒与新农村建设及城乡文化融合的影响。⑤

随着精准扶贫和乡村振兴战略地相继提出，张学波认为扶贫信息传播要将"熟人关系"等嵌入因素作为信息中层转接的着力点，发挥行动者网络主动性。⑥ 吴信训等认为传统电视要嫁接新媒体科技优势，从传播视角转换、节目形式创新、产业链延伸等方面优化内容生产，构建对农电视宣传新格局。⑦ 陈接峰指出涉农媒体传播影响力的提升可从信息连接向产业连接转型。⑧

（二）媒介平台的相关研究

"平台"是伴随着国外经济学"双边市场理论"的产生而出现的。让-夏尔·罗歇（Rochet）和让·梯若尔（Tirole）提出了双边市场的定

---

① 朱海波、万戈、杨明、陈树萍：《我国农村广播电视公共服务供给模式创新研究》，《广播与电视技术》2013 年第 3 期。

② 祝建华：《上海郊区农村传播网络的调查分析》，《复旦学报》1984 年第 6 期。

③ 徐敬宏、刘继忠：《当前"三农"传播的现状与问题探析》，《华中科技大学学报》（社会科学版）2007 年第 7 期。

④ 夏倩芳：《公众眼中的广播电视公共服务：现状评价及未来期待》，《现代传播》2012 年第 10 期。

⑤ 陈力丹、陈俊妮：《论传媒在"新农村"建设中的作用》，《当代传播》2006 年第 6 期。

⑥ 张学波：《提升扶贫信息精准传播的契合度》，《中国社会科学报》2020 年第 7 期。

⑦ 吴信训、吴圆圆：《媒体融合背景下我国对农电视节目持续创新的思考》，《新闻记者》2018 年第 8 期。

⑧ 陈接峰：《地面频道转型：在服务"三农"中获得价值提升——湖北广播电视台垄上频道产业链模式分析》，《电视研究》2015 年第 2 期。

义，"如果通过提高向一边的收费，同时同等程度地降低向另一边的收费，平台可以改变交易量，则称这一市场是双边市场"①。双边市场理论研究主要聚焦平台的定价、平台的网络外部性以及平台的竞争等方面。哈丘（Andrei Hagiu）从平台的功能上将其分为：中介市场、听众制造市场、共享的投入市场。② 媒体是一种重要的双边市场类型，平台通过提供内容来吸引眼球，进而通过读者、观众来吸引广告。国内对平台的研究始于平台经济学，徐晋认为平台是能够促成客户交易的空间或场所，通过向客户收费获利。③ 贺宏朝认为"平台经济"的基础是客观需求，核心价值是"竞合"，关键是利益均衡，需要建立包括信任、声誉、惩罚等机制维护平台稳定。④

三网融合给传媒业带来巨大变化，媒介组织纷纷向"平台化"转型，平台进入新闻传播学视野。我国新闻传播学领域对平台理论的研究尚处于探索阶段，所以许多理论与实践都是从成果更为丰富的经济学和计算机领域借鉴。目前相关研究主要集中在平台内涵、平台转型或建构等方面。

谭天在《媒介平台论——新兴媒体的组织形态研究》一书中将"媒介平台"定义为"通过某一空间或场所的资源聚合和关系转换为传媒经济提供意义服务，从而实现传媒产业价值的媒介组织形态"⑤，提出要建构意义经济基础上的"媒介平台理论"，并对媒介平台的角色功能、组织架构、构成要素和竞争能力等做出详细解读。

徐晋从经济学的角度指出平台的本质就是市场的具化，并总结出平台的三层含义：工具化、具体化、自组织化。他认为，所谓平台经济就是"一种虚拟或真实的交易场所，平台本身不生产产品，但可以为两类或多种类型的消费者提供产品，促成双方或多方供求之间的交易，收取

① 转引自刘启、李明志《双边市场与平台理论研究综述》，《经济问题》2008年第7期。
② Hagiu A. , "Optimal Pricing and Commitment in Two-Sided Markets", Platforms, Pricing, Commitment in Two -Sided Markets. Princeton University, 2004.
③ 徐晋：《平台经济学初探》，《中国工业经济》2006年第5期。
④ 贺宏朝：《"平台经济"下的博弈》，《企业研究》2004年第12期。
⑤ 谭天：《媒介平台论——新兴媒体的组织形态研究》，中国人民大学出版社2016年版，第35页。

恰当的费用或赚取差价而获得收益"①。这种定义更接近于"交易平台"。有学者则将平台经济总结为四个主要特征：双边性、间接外部性、规模经济性、价格非对称性。

　　学者们普遍认为平台最大的特点在于它能够提供一个虚拟或现实的空间，将双方或者多方连接起来。他们既可以是卖方与买方，也可以是用户与用户。在这其中，平台、消费者以及服务商之间的连接形成了独特的网状结构，达到了资源集聚又去中心化的效果。有学者将互联网视为"高维媒介"，"个人"被激活后的媒介生态是一场革命，提出"平台型媒体"概念。喻国明论述了"平台型媒体"的缘起、理论与操作关键，认为它"既拥有媒体的专业编辑权威性，又拥有面向用户平台所特有的开放性的数字内容实体""以满足用户基本需求为核心""开放连接是第一生产力""建立产消合一的生产模式"。② 俞虹、马骏认为平台之争是媒体的生死之争，并从构建平台、运营平台和支撑平台三个层面阐述传统电视媒体的"平台化策略"。③

　　张志安等人认为，从"媒体平台"发展到"平台媒体"是实现从"入口"到"媒体"的升级，强调"平台媒体"的媒体属性。他们认为"媒体平台"侧重平台和技术，更加强调汇聚和展现的价值；"平台媒体"则更加侧重信息和服务，更加强调内容和选择的价值。④ 方兴东等将美国的互联网巨头FAMGA（脸书、谷歌、微软、亚马逊）以及我国的腾讯、阿里巴巴形容为"超级网络平台"，它们具有极强的垄断性，在很大程度上代替了原本应由国家承担的网络社会公共服务和公共政策，带来了极大的社会治理问题，甚至冲击国际政治和国际秩序。⑤

---

　　① 徐晋：《平台经济学初探》，《中国工业经济》2006年第5期。
　　② 喻国明：《"平台型媒体"的缘起、理论与操作关键》，《中国人民大学学报》2015年第11期。
　　③ 俞虹、马骏：《突围与融合——传统电视媒体平台化发展策略研究》，《中国广播电视学刊》2015年第12期。
　　④ 张志安、李霭莹：《变迁与挑战：媒体平台化与平台媒体化——2018中国新闻业年度观察报告》，《新闻界》2019年第1期。
　　⑤ 方兴东、严峰：《网络平台"超级权力"的形成与治理》，《人民论坛》2019年第14期。

（三）治理理论以及网络媒体平台治理

随着媒体平台在网络社会扮演着越来越重要的连接中介角色，如何有效治理网络媒体平台引发诸多学者的高度关注。张明新等学者认为，在媒介融合语境下，媒体平台型企业成为信息传播和价值引领的重要载体，能够促使社会资源连接的分配方式出现结构与制度变革。① 胡泳指出一些媒体平台企业为了赚取信息流量，利用算法技术向平台信息接收者推送与其观点接近的信息，使其落入"信息茧房"。② 郭小安谈到一些媒体平台型企业降低广告进入门槛，使得平台中虚假违规广告、恶意弹窗广告以及泄露隐私的广告频频出现，危及用户的财产与隐私安全。③ 由此，胡百精认为网络媒体平台已逐渐成为国家治理中的舆论主战场，逐步发挥社会治理中枢作用。④

俞可平率先将国外治理理论中的"善治"理念引入国内，并推动善治与中国实际情况相结合。社会治理中媒介主要有三重角色，一是作为治理的主体，为社会公众提供服务的同时为公众与政府之间搭建沟通的桥梁；二是作为治理的对象，由政府等有关部门进行治理；三是作为治理的工具，成为政府舆论宣传的重要工具。目前，我国对媒体平台治理研究主要集中在：将媒体平台作为治理工具，以政府为主导对互联网领域或其他社会治理领域进行治理；另一个层面是将媒体平台作为治理对象，让媒体平台承担相应的治理责任，如对平台用户进行监管和内容审核，同时其自身又作为受治理的对象。针对其内部存在的突出问题，由政府、社会组织等其他治理主体进行治理。我国政府对平台企业的态度已经由管理向"治理"转变，并且已经意识到，对基于互联网技术和理念的平台企业应持审慎和宽容的态度。喻国明认为，现在的媒体尽管在向互联网领域发展，但不能一味地强调互联网的技术逻辑，也要讲求

---

① 张明新、常明芝：《5G 应用背景下媒体融合发展的前景》，《新闻爱好者》2019 年第 8 期。

② 胡泳：《弥合鸿沟：重思网络传播的"去区隔效应"》，《新闻界》2019 年第 6 期。

③ 郭小安：《舆论引导中情感资源的利用与反思》，《新闻界》2019 年第 12 期。

④ 胡百精：《公共协商与偏好转换：作为国家和社会治理实验的公共传播》，《社会科学文摘》2020 年第 6 期。

"以人为本"的治理思维。①

有学者针对平台权力进行研究，认为平台权力是平台方对多边客户及其交易行为的管制权和约束力。郭渐强等人认为，网络平台权力表现为规则制定权、数据控制权、行为管制权、争议处置权四种表现形态。② 网络平台权力是法律授权和平台自赋权的复合产物，并不天然合法正当。钟瑛认为，媒体平台所带来的互联网赋权与平台权力影响削弱了公权的权威性，提倡平台参与社会治理的重要作用。③ 本书认为，媒体平台具有多重属性，它既具有"平台"属性，又具有"媒体"属性。作为"平台"，它连接了海量用户，掌握了大量的信息与资源；作为"媒体"，它所提供的产品与服务主要是媒介产品或与之相关的信息服务。管理学强调"权责一致"，即管理者所拥有的权力和应承担的职责相适应，媒体平台同样也应当承担作为媒体的宣传、引导和沟通的职能。因此，本书认为，相比于京东、滴滴这些类型的网络平台企业，媒体平台除了需要承担作为平台的企业社会责任之外，也需要承担作为媒体的责任和义务。

总之，上述研究林林总总，研究都具有一定的深度和广度，为本书的开展提供了重要基础。但也存在不足，主要体现为：第一，现有农村广播电视公共服务研究，仍主要聚焦在内容生产、渠道建设和运营体系等层面。对于电视媒体在农村供给结构与消费需求精准对接方面的价值挖掘不够。第二，平台理论研究虽然指明了电视媒体的融合转型方向，但更多是从建立媒体的信息平台着手，缺乏对资源聚合过程中的关系平台和服务平台建设的全面系统研究。第三，目前还没有将农村公共服务、电视媒体和"平台化"转型三者合而为一的课题研究，这为本书提供了较大的研究空间和较广阔的研究前景。

---

① 喻国明：《互联网治理应遵循的重要规则与操作关键》，《新闻与传播研究》2016 年第12 期。

② 郭渐强、陈荣昌：《网络平台权力治理：法治困境与现实出路》，《理论探索》2019 年第7 期。

③ 钟瑛：《技术、平台、政府：新媒体行业社会责任实践的多维考察》，《现代传播》2020 年第5 期。

三 研究思路及方法

（一）研究思路

本书为对策型研究，以农村公共服务中电视媒体的平台化转型为主要研究对象，选取垄上传媒这一电视媒体与现代农业跨界融合的示范为个案，从平台理论切入，综合运用传媒经济学、信息传播学等多学科交叉视角，按照"农村电视公共服务的发展历程与现实图景—农村公共服务中电视媒体的平台化转型动因—农村公共服务中电视媒体的平台化转型过程—服务三农新媒体平台的构成方式—服务三农新媒体平台的运行机制—农村公共服务中电视媒体平台转型的困境与出路"这一思路，为电视媒体的平台化转型提供借鉴，为政府开展农村公共服务提供政策支持。本书共分为七个部分：

绪论部分，介绍本书的研究背景与意义、国内外相关研究综述以及研究内容和方法。

第一章为农村电视公共服务的发展历程与现实图景。这部分系统梳理农村广播电视公共服务的发展历程分为四个阶段：初步形成阶段（1949年至1982年）、起步发展阶段（1983年至1997年）、快速发展阶段（1998年至2012年）、转型升级阶段（2013年至今），梳理各阶段发展状况与特点，发现农村广播电视公共服务存在：（1）传输覆盖：区域发展不平衡；（2）内容服务：供应不足与错位；（3）财政保障：经费来源单一不充足等现实困境。

第二章为农村公共服务中电视媒体的平台化转型动因。这部分结合农村广播电视公共服务的现实困境突围和"互联网+"时代电视媒体公共服务职能拓展等两个方面分析农村公共服务中电视媒体平台化转型的动因。一方面，通过重塑农民主体地位、突破单一收入模式和深化电视融合转型实现农村电视公共服务职能的回归。另一方面，通过将"传统农民""新型农民"和"涉足农业的城市人"等多元主体纳入农村公共服务电视平台体系，充分调动市场机制满足用户多元化需求，拓展电视媒体的公共服务职能。

第三章为农村公共服务中电视媒体的平台化转型路径。这部分以全国服务"三农"的一面旗帜——湖北垄上传媒为典型样本,通过实地调查和案例分析,将垄上传媒平台化转型路径概括为三步走,极具示范推广价值。第一步,从"垄上栏目"转型为"垄上频道",实现优质内容集成;第二步,从"频道经营"转型为"产业经营",以内容优势和品牌优势为基础,拓展线上线下渠道,集聚农资领域各方资源,构建以"垄上行"品牌为核心的多元产业链;第三步,从"对农媒体"转型为"服务三农新媒体平台",通过多元化产业运营实现垄上平台双边市场的二次成长,形成"电子商务+线上线下信息传播+实体门店"的服务三农新媒体平台。

第四章为服务三农新媒体平台的构成方式。这部分以垄上传媒为样本,从基本属性、相关角色、构成模块、核心功能等方面分析服务三农新媒体平台的构成方式。服务三农的新媒体平台具有电视基因的媒体属性、平台基因的服务属性和互联网基因的技术属性。服务三农新媒体平台是对农电视媒体平台化转型生成的媒体平台,包括平台运营者、平台需求者和平台提供者三类角色。垄上平台弯曲了传统农业产业链的线性结构,将"三农市场需求方"和"三农市场服务方"精准对接,实现平台价值转换。最后,从大系统—子系统—模块—应用四个维度研究垄上平台的构建模块,各模块对接、互补,最终实现媒介平台的整体功能。

第五章为服务三农新媒体平台的运行机制。这部分着眼于转型为平台的电视媒体如何管理内外资源,实现价值循环。以垄上传媒为样本,除了与系统基础平台和外围合作平台的开放合作,服务三农新媒体平台的运行主要围绕三条产品线——频道内容产品线、农资渠道产品线和平台数据产品线,生成包括内容平台、关系平台和服务平台三位一体的服务三农新媒体平台。其中,通过做大做强内容平台来集成三农产业链的上下游资源、农业边际资源;通过编织线上线下联动交互的关系平台沉淀核心用户数据、把握农域市场供需诉求;通过一体化服务三农新媒体平台实现供需精准对接和平台价值转化。

第六章为农村公共服务中电视媒体平台化转型的问题与出路。这部分紧扣农村公共服务中电视媒体平台化转型的焦点问题，探寻可行出路。垄上平台只是传统电视平台化转型的初步尝试，还存在一些认识误区和实践困境。第一，垄上平台是一个中间组织，本身并不参加农业产业链上下游生产，应遵循轻资产投资原则，聚合资源、响应需求并创造价值。第二，电视媒体平台化转型不是粗放式扩张而是集约式整合。目前垄上平台的各类服务各自为政，应加强与信息入口的有效关联，按涉农用户的使用习惯合理设置界面和操作方式。第三，服务三农新媒体平台的运行应实行"线上+线下"的"两条腿并行"模式。对于服务"三农"的垄上平台而言，过分倚重线上新媒体矩阵，忽略由电视媒体延伸的线下渠道，容易偏离农民群体，弱化发展根基。由此，农村公共服务中电视媒体"平台化"转型需要坚持移动优先、以科学技术为导向、变革组织机制催生化学反应、从不同主体视角下探索媒体平台治理模式等方面来实现自身可持续发展。

（二）研究方法

1. 文献法

系统搜集国内外关于电视媒体转型、平台理论及广播电视公共服务的相关著作、论文、政策文件、媒体案例、相关数据等文献资料，归纳并分析农村公共服务电视平台的构成要素及培育策略、平台化转型的思路等。

2. 个案研究法

以湖北垄上传媒的转型和业务拓展为案例，分析电视媒体利用互联网技术实现融合发展的现实进程，尤其是关注其在技术革新、内容生产、渠道建设、应用创新、产业链延伸、用户数据收集等诸多环节的创新策略，从中总结经验，丰富电视相关理论。

3. 访谈法

访谈湖北广电垄上频道及对农电视媒体的专业人士，深描电视媒体内部的媒体景观，尤其是关注电视媒体人的工作状况，他们对媒体融合的适应程度，以及面对电视媒体平台化转型的心路历程等，归纳总结农村公共服务中电视媒体的转型策略。

第一章 农村电视公共服务的
历史演进与现实图景

我国早期电视事业的发展是以广播事业为基础的，之后广播事业与电视事业的发展与管理运作也有相当程度的融合。在涉及公共服务时，我国传媒学界与业界往往将电视与广播合而论之，统称为"广播电视公共服务"。因此，笔者在梳理我国农村电视公共服务的发展历程时，也将电视与广播合而论之，对农村广播电视公共服务进行整体描述。广播电视公共服务是指由"政府部门和有关社会组织提供的、以满足人民群众相关公共需求为目标的广播电视服务"①，它是公共文化服务的重要组成部分，承担实现人民群众基本文化权利的责任，履行提高国民思想文化素质、传承民族文化、促进公民文化认同的义务，具有引导社会、教育人民、推动发展的功能。

农村广播电视公共服务是"广播电视公共服务"这一概念的拓展。农村广播电视公共服务是针对农村地区、满足农民群众相关公共需求的广播电视服务，在保障农民群众基本文化权益、深化农村结构性改革、促进城乡协调发展等议题中发挥着积极作用。农村广播电视公共服务供给的目标是要确保全体农民群众能享受到广播电视的基本服务。在此基础上，使他们享受到更多更好的高层次的公共服务，并且给予他们自由选择个性化、多样化私人服务的权利保障，即赋予所有农民群众享受公共服务和市场服务的均等机会。

---

① 杨明品、李江玲：《中国广播电视公共服务理论几个基本命题探析》，《中国广播电视学刊》2011 年第 1 期。

从 20 世纪 50 年代我国广播电视事业发展伊始到 2020 年《关于加强广播电视公共服务体系建设的指导意见》发布，农村地区一直是我国广播电视公共服务建设的重点区域。在农村经济加速发展的同时，农村文化建设的劣势也逐渐凸显。作为农村地区最主要的信息传播、社会教化和休闲娱乐的终端，广播电视成为农村文化建设的基础平台和推进城乡文化一体化发展的综合工具。可以说，广播电视公共服务的发展水平成为衡量区域文化发展的重要标志。因此，农村广播电视公共服务在国家文化建设格局中有着举足轻重的地位，必须予以高度重视。

第一节　农村电视公共服务的发展历程

20 世纪 50 年代，我国以农村为切入点，开始探索广播电视公共服务实践。我国是一个农业大国，农村人口众多，开展对农广播节目是加强对农宣传教育的重要手段。据调查数据显示，1953 年，全国有 6 亿多人口，乡村人口 5 亿多，占人口比重为 86.74%。① 由此，自新中国成立之初起，我国一直高度重视农村广播网络建设。1949 年《中国人民政治协商会议共同纲领》第 49 条明确提出应"发展人民广播事业"。1952 年第一次全国广播工作会议，将发展面向农村的有线广播计划提上日程。1955 年毛泽东在七届六中全会上确定重点发展农村广播网，扩大广播传输覆盖网络，以满足农村群众收听广播的需求。1965 年在第九次全国广播工作会议上，讨论如何办好面向农村的广播事业。"文化大革命"结束之后，对农广播继续发展。党的十一届三中全会揭开改革开放序幕，广播电视事业改革也由此开始。1983 年，第十一次全国广播电视工作会议做出一项重要决定："实行四级办广播、四级办电视、四级混合覆盖"的发展方针。20 世纪 90 年代中后期，"广播电视村村通"工程的实施，消灭了广播电视盲村，构建起覆盖面广的立体农村广播网络。但这一时期

———————

① 孙兢新：《第一次全国人口普查简介》，《统计》1981 年第 4 期。

的广播电视由政府计划管理、直接实施，尚未出现与公共服务相对应的市场服务理念。因此，这一时期建立农村广播网的实践并不是真正意义上的广播电视公共服务。

如果把1983年"四级办台"作为我国广播电视公共服务的开端，那么，1998年"广播电视村村通工程"的启动，则标志着我国广播电视公共服务以农村地区为重点，以工程建设为抓手，正式拉开帷幕。2003年文化体制改革确立事业与产业分离的目标，则成为广播电视公共服务改革的新起点。2020年1月，国家广播电视总局印发《关于加强广播电视公共服务体系建设的指导意见》，指出要按照乡村振兴、区域协调发展和智慧广电等战略部署，聚焦人民听好看好用好广播电视，大力推进"智慧广电+公共服务"，这标志着新时期广播电视公共服务转型升级的新使命。

综而述之，本书将围绕几个重要时间节点，梳理农村广播电视公共服务的发展历程，划分为初步形成阶段（1949年至1982年）、起步发展阶段（1983年至1997年）、快速发展阶段（1998年至2012年）和转型升级阶段（2013年至今）四个阶段。

一　初步形成阶段（1949年至1982年）

广播电视公共服务体制和国家政治经济体制密切相关。在计划经济体制下，政府直接管理广播电视的组织、运行和服务工作。在这一阶段，为促进农村广播电视事业的发展，政府对广播事业实行"中央与地方并举"的方针，专设农村广播管理机构，并明确将农村广播电视事业经费列入国家和地方预算。在责任主体明确、经费保障到位的有利情况下，农村广播网络发展迅速。到20世纪80年代初，我国基本形成了与计划经济体制和当时经济社会发展水平相适应的农村广播电视公共服务体系。

（一）广播网络基本形成

新中国成立初期，广播一直是我国农村广播电视事业发展的主力军，是党和政府加强对农村群众宣传教育、推动农村工作和农业生产最有力的工具。1950年4月，新闻总署发布了《关于建立广播收音网的决定》

及系列通知，使得收音站或有线广播站在农村和少数民族区域全覆盖。1964 年，调频广播试验成功后，中央广播事业局"先后建成了从北京通往安徽黄山、黑龙江大青山、陕西秦岭三条调频节目传送路线，沿线华北、东北、西北广大地区得到覆盖，奠定了我国调频广播网的基础"①。有线广播网与无线广播网的同步覆盖建设，较好地满足了当时农村群众收听广播的要求。

（二）对农电视节目初步发展

在这个阶段，农业新闻报道成为对农广播的主要内容，并开播了专门的对农专题节目。1952 年 4 月 1 日，我国第一个县域广播站台——九台县广播站正式播音。1952 年 6 月，河南人民广播电台开办了第一个以农民为受众的节目——《对农村广播》。到 20 世纪 50 年代后期，中央、省、市、县四级台站对农广播宣传网络基本形成。1958 年 5 月 1 日，我国第一座电视台——北京电视台（中央电视台前身）开播第一天就播出节目《到农村去》。由于电视台创办初期自办节目能力不足，北京电视台播出的部分农业科教类节目交由中国农业科学电影制片厂制作。电影厂虽然不是电视节目生产机构，但是开启了影像对农服务的先河，是电视对农服务的先行者。中国农业科学电影制片厂于 1949 年成立，坚持"为农业、农村、农民服务"为宗旨，生产农业科教片，以纪录片的形式，传播农业信息，推广农业生产知识、技术等。如 1979 年农影厂制作的《草蛉》，主要介绍草蛉的相关信息，如种类、饲养方法以及在农业生产中的利用等。

新中国成立初期，农村长期沉积下来的封建文化、陈风旧俗等影响着农民文化素质的提升。广播作为一种信息传播媒介，能够在打破地域限制，推动农村移风易俗，改变农民思想观念，向农民普及科学文化知识等方面发挥重要作用。如由赵树理同名小说改编的喜剧电影《小二黑结婚》，表现了主人翁追求婚姻自由的新观念。农民在收听广播时，潜移默化地接受了这些新观念，从而起到改变农民婚恋观的教化作用。此外，

---

① 国家广电总局发展研究中心课题组：《中国农村广播影视公共服务》，中国广播电视出版社 2008 年版，第 70 页。

农村广播开办了许多"寓教于乐"的广播节目，发挥了对农民的思想教育功能。农村广播节目通过直观生动的形式，让农民轻松愉快地接受新的知识观念，提升文化水平，实现农村广播的公共文化服务职能。

农村广播除了具有社会教化、思想引导的作用之外，还具有农业科学技术推广的作用。20 世纪 30—40 年代美国在艾奥瓦杂交玉米推广种植实践中，发现了媒介在科技普及中的重要作用。受到该传播实践的影响，1955 年 3 月 29 日国务院发布《关于在农业、畜牧业、渔业生产合作社重点建立收音站的指示》，要求建立收音站，指导生产、普及农业生产技术、预防自然灾害等。1955 年福建广播电台开办《科学知识》节目，向群众介绍自然科学知识和科学技术。农村广播在科学知识与农业生产技术普及方面的作用受到政府和国家领导人的高度重视，周总理在 1963 年与 1965 年两次强调，广播电台要面向农民和农村知识青年普及科学知识，广播要面向农村，为农民服务。随后，有 28 个地方电台开办农业科学技术节目或在对农广播中增加了有关科技的内容。[1] 通过农村广播网，开展农业技术普及与农业生产指导工作，是农村广播开展公共服务的重要表现形式。

真正意义上的对农电视节目，是在 1978 年实行改革开放之后出现的，如 20 世纪 70 年代末，黑龙江电视台创办的《农业知识》，吉林电视台创办的《农业科技》，湖南电视台创办的《农业知识讲座》等。自此，电视对农节目形式不断丰富，题材从集中于农业新闻到涉及新闻、科教、卫生等多个领域。总体来说，这一时期广播电视对农节目有了初步发展，并在当时的社会生产、群众文化生活中发挥了很大作用，使现代文明在农村第一次得以大面积推广和扎根。

二　起步发展阶段（1983 年至 1997 年）

1983 年，第十一次全国广播电视工作会议确立了"四级办电视、四级办广播、四级混合覆盖"的方针，破除了过去中央、省两级办电视的财政困境。"'四级办'方针的实施，使广播电视传输覆盖网络从中央延

---

① 方汉奇：《中国新闻事业通史》第 3 卷，中国人民大学出版社 1999 年版，第 213 页。

伸到省、地、县、乡、村，极大地促进了农村广播电视事业的发展。到1991年，全国广播电视人口覆盖率已经从1982年的64.1%、57.3%分别提高到了75%和80.5%。"①以此为标志，我国广播电视事业进入新的发展阶段，农村广播电视公共服务也从初步形成阶段迈入了起步发展阶段。但是，随着20世纪90年代社会主义市场经济的稳步推进以及电视产业化的快速发展，市场导向日益突出，来自政府的财政资金支持减弱。对农电视节目由于商业回报不足，播出节目数量和时间自然受到严重影响。

（一）立体网络初步构建

1984年我国自行研制的第一颗试验通信卫星发射成功，基本解决了中央电（视）台向全国各省、自治区传送节目的问题，改变了边远地区长期依靠微波线路传送、质量无法保证的状况。同时，卫星地面接收站发展迅速，逐步形成了以卫星传送为主，地面传输系统相结合的高质量、高效率的广播电视传输覆盖网络。1987年，有线广播、有线电视共缆传输技术试验成功，为有线电视在农村的普及提供了便利。1988年，国产"东方红2号甲"通信卫星成功发射，标志着我国拥有自主卫星传输电视节目的能力。随后，新疆、西藏、四川、云南、贵州五家省级电视台相继上星。卫星传输技术极大程度上解决了偏远山区的电视信号传送问题，扩大了电视信号传送范围，提高了电视信号接收质量，改善了收看质量，实现了对全国的节目传播，有助于对农电视网络建设的发展。

到20世纪90年代，我国已经基本建成了"一个中央和地方相结合、广播和电视相结合、有线与无线相结合、对内广播与对外广播相结合的立体广播电视传送网，形成'四级办台、四级覆盖'的广播电视体系"②。

（二）对农节目由盛转衰

随着改革开放与农村家庭联产承包责任制的实行，农民经济条件得到改善。农民的生产积极性有了极大提高，他们迫切需要通过广播电视

① 国家广电总局发展研究中心课题组：《中国农村广播影视公共服务》，中国广播电视出版社2008年版，第74页。

② 薛瑞：《新公共服务理论视角下的农村广播电视长效发展研究》，博士学位论文，华中师范大学，2011年，第48页。

了解生产生活、脱贫致富的各种信息和农业科学知识。面对当时对农电视台少、覆盖率低、电视节目稀缺的实际情况，广播电视事业发展的调整和改革迫在眉睫。1983 年，第十一次全国广播电视工作会议上确立了"四级办广播、四级办电视、四级混合覆盖"的发展方针，这一方针极大地调动了地方办电视台的积极性，广播电视传输覆盖网络开始由中央、省延伸到地、县、乡、村。1989 年国家教委下发《地方教育电视台（站）设置管理规定》，1990 年国务院批准发布《有线电视管理暂行办法》，这些政策极大提升了广播电视的覆盖率。到 1996 年，全国广播电台增加到 1320 座，电视台增加至 2827 座，广播电视人口覆盖率分别为84.2%和 86.2%。①

20 世纪 80 年代广播电视对农节目有了进一步发展。各地县的广播电视台不仅转播中央级广播电台与省级广播电台节目，还努力自办节目。"据 1988 年底统计数据显示，县级广播台平均每天播出自办节目 1.47 万小时，是全国其它无线广播电台节目时间的 2.96 倍。"② 20 世纪 80 年代后期电视逐步普及农村后，省、市、县电视台开始开办对农节目，如最早的省级对农电视栏目《致富之路》（安徽电视台），比较有影响力的对农节目有辽宁电视台的《黑土地》和广东电视台的《摇钱树》。到 1991年，全国有近 300 个县建立了电视台，并自办节目。与此同时，对农电视频道的建立也被提上日程。1986 年 12 月，国务院电子振兴领导小组正式将农业部开办农业电视频道列为国家卫星通信发展计划。1995 年 11 月30 日，CCTV-7 少儿·军事·农业·科技频道正式播出，虽然农业相关内容只是频道内容的一部分，但这标志着专业对农频道的发展，开启了对农传播的新纪元。在中央电视台的带动下，地方也陆续开办了一批对农专业频道。

1983 年中央第 37 号文件确定我国传媒业应"以新闻改革为突破口，开展多种经营"的新政策。传媒业积极探索事业化管理、产业化经营的

---

① 涂昌波：《新中国 60 年广播电视发展政策演进》，《中国广播电视学刊》2009 年第 9期。

② 国家广电总局发展研究中心课题组：《中国农村广播影视公共服务》，中国广播电视出版社 2008 年版，第 78 页。

新路子。1992 年市场经济体制改革启动后，传媒业开始以广告经营为主的产业经营活动，市场机制对传媒产业的调节作用不断加强。同年，国家明确把广播电视业列为第三产业，强调福利型、公益型和事业型第三产业单位要逐步向经营型转变，实行企业化管理。① 电视台开始走向自主经营道路，电视广告收入成为各级电视媒体的主要收入来源。1996 年，江泽民同志视察《人民日报》时明确指出："人民日报社的同志要在搞好宣传的同时搞好经营。"这意味着传媒"事业化管理、产业化经营"的双重属性理论被确立执行。随后，中央电视台开始实行"栏目带广告，广告养栏目"的运营机制，节目和广告并行的运营机制逐渐常态化，广告得以快速发展，并带来良好的经济效益，以中央电视台为例，其广告收入从 1992 年的 5.6 亿元，1999 年的 44.15 亿元，到 2000 年已经突破 50亿元。②

20 世纪 90 年代以来，随着传媒业的商业性日益突出，文化生活被重新定义为娱乐的周而复始，严肃的公众对话变成了幼稚的婴儿语言。这不仅带来"娱乐至死"的警世恒言，而且在很大程度上冲击了广播电视的公共服务职能，"收视率成为万恶之源"。与大环境下的广告飞速发展不同，对农广告并没有随着电视行业的发展同步腾飞，反而呈现出广告少、收益差的情况。究其根源，一方面是因为我国农业长期采用自给自足的生产模式，农村消费能力薄弱，商业转化能力不强，城市消费产品经营者不愿意面向农村地区投入广告。另一方面，与农业相关的农产品品牌少，农村市场经济回报甚微，涉农产品的广告意识薄弱。对农电视节目广告创收艰难，加上国家财政拨款下降，一大批农业、科教、健康、法制、文化类等与公共利益、群众素养密切相关的节目比重逐步下降，甚至因为末位淘汰而退出市场。对农电视节目发展受挫，已经出现供给不足等问题。

---

① 人民网：《中共中央　国务院关于加快发展第三产业的决定》，《江西省人民政府公报》1992 年第 13 期。

② 徐春光主编：《中华人民共和国广播电视简史 1949—2000》，中国广播电视出版社2003 年版，第 51 页。

三　快速发展阶段（1998 年至 2012 年）

20 世纪 90 年代，在技术进步和用户需求的推动下，城市广播电视迅速发展，而农村地区由于地广人稀、自然条件恶劣、投入不足等现实困境，其广播电视事业的发展严重滞后于城市。"据统计，到 1997 年底，我国还有 11.7 万个行政村和 56.3 万个自然村是广播电视覆盖的'盲区'"①，农村广播电视公共服务建设任重而道远。1998 年，为加快农村地区基础设施建设，扩大对农广播电视覆盖范围，"村村通工程"正式启动。以农村地区为重点，以扩大广播电视传输覆盖为突破口，通过大力推进农村广播电视公共服务重点工程，提高广播电视传输覆盖水平。以"村村通工程"的实施为标志，农村广播电视进入新技术条件下的体制机制创新时期。

（一）政策推进农村广播电视公共服务体系建设

1998 年初，原国家广电部党组提出"广播电视事业建设的重点是覆盖，覆盖的重点是农村"的方针。进入转型期后，国家对农村广播电视公共服务的政策进一步完善，以"村村通工程"和"西新工程"为代表，国家加大了对农村广播电视公共服务基础设施建设的政策引导力度。统计数据表明，自 1998 年开始实施广播电视"村村通工程"到 2005 年的 7 年间，"中央和地方财政共投入 36 亿元，完成了全国 11.7 万个行政村、10 万个 50 户以上自然村的村村通建设任务，修复了 1.5 万个'返盲'行政村的村村通工程，解决了近 1 亿农村群众收听收看广播电视的问题"②。"西新工程"实施后，西部少数民族地区的广播电视覆盖发生了巨大变化，"全国广播电视综合人口覆盖率从 1997 年的 85.5% 和 87.4% 提高到 2005 年的 94.48% 和 95.81%"③。值得注意的是，这一战略的推进仍然以扩大传输覆盖面为主，对于如何增强公共性内容供给的

---

① 国家广电总局发展研究中心课题组：《中国农村广播影视公共服务》，中国广播电视出版社 2008 年版，第 77 页。

② 宫承波、赵玉明、张凤铸：《广播电视概论（第 2 版）》，中国广播电视出版社 2014 年版，第 123 页。

③ 宫承波、赵玉明、张凤铸：《广播电视概论（第 2 版）》，中国广播电视出版社 2014 年版，第 123 页。

举措涉及较少。在泛娱乐化、重经济效益轻社会效益的媒介生态环境下，单纯强调基础设施建设，削弱内容产品的公共属性，广播电视公共服务的质量下降、效率降低的问题凸显出来。

2006 年，国务院办公厅发出《关于进一步做好新时期广播电视村村通工作的通知》，明确指出"村村通"是农村公共文化服务体系的重要组成部分，是当前农村文化建设的"一号工程"。广播电视公共服务已经"从工程建设上升为体系建设、从部门行为上升为国家行为，由被动选择转换为主动选择，初步形成具有中国特色的公共服务发展模式"①。通过前一阶段的探索和实践，我国广播电视公共服务明确了四点目标：第一，以公共利益作为出发点和落脚点；第二，凡是市场不愿做、做不好、做不了，但又是社会必需的，应该由公共服务来提供和保障；第三，满足所有人群的基本收听、收视权利；第四，通过公共服务来实现民族文化的传承与创新。② 以上目标清晰地表明在我国宏伟的社会主义改革进程中，农村广播电视公共服务的公共、公益性质的定位已经完成。

2007 年国家发展改革委、财政部、广电总局联合发布《关于印发"十一五"全国广播电视村村通工程建设规划的通知》中指出，"十一五"期间广播电视村村通工作的任务除逐步消灭"盲区"之外，还要增加收听收看广播电视节目套数，建立健全"村村通"的长效机制，以县为中心、乡镇为基础，提升广播电视公共服务的标准化、均等化水平，构建广播电视农村公共服务体系。

（二）探索建立广播电视公共服务长效机制

21 世纪以来，随着文化体制改革的深入推进和数字化时代的到来，广播电视公共服务"从适应计划经济体制转向适应市场经济体制、从适应模拟时代转向适应数字时代转型"③。这一阶段面临的重要任务是建设

---

① 杨明品、李江玲：《中国特色广播电视公共服务发展历程探析》，《中国广播电视学刊》2011 年第 2 期。

② 刘习良等：《中国广播电视改革发展十年回眸（2001 年—2010 年）》，中国国际广播出版社 2012 年版，第 135 页。

③ 杨明品、李江玲：《中国特色广播电视公共服务发展历程探析》，《中国广播电视学刊》2011 年第 2 期。

服务农户的农村公共服务网络，广播电视事业单位肩负提供公共服务和自负盈亏的双重任务。

由于我国幅员辽阔、地形复杂，农村广播电视公共服务的覆盖建设与维护耗资巨大。政府在不断加大农村广播电视公共服务投入的同时，运用市场准入等政策积极开发农村文化市场。2005 年 4 月 20 日，国务院发布《关于非公有资本进入文化产业的若干决定》，鼓励和支持非公有资本进入广播电视的建设、经营和数字化改造等工作中。后期印发《关于加强非公有资本、外资进入广播影视领域和广播影视产品进口管理的实施办法》，"明确规定非公有资本可以投资参股国有机构控股 51% 以上的广播电视节目制作经营企业"①。转型阶段，我国农村广播电视公共服务呈现出政府主导、市场参与、全面发展的特征。

四　转型升级阶段：2013 年至今

2013 年，党的十八大报告指出，文化实力和竞争力是国家富强、民族振兴的重要标志，要加快发展新闻出版、广播影视事业，加强重大公共文化工程和文化项目建设，完善公共文化服务体系，提高服务效能。2015 年，国务院办公厅发布《关于加快构建现代公共文化服务体系的意见》，这为广播电视公共服务体系建设指明了方向、提供了遵循。2016 年，我国广播电视的"村村通"工程开始向"户户通"升级，以更好服务精准扶贫国家战略；2017 年，国家新闻出版广电总局提出要"把电视台办成讲导向、有文化的传播平台"，着重强调中国电视深化改革的内容方向和公益属性；2020 年 1 月，国家广播电视总局印发《关于加强广播电视公共服务体系建设的指导意见》，提出总体目标是：力争到 2025 年，全面建立系统完善、层次分明、衔接配套、科学适用的基本公共服务标准体系；整体实现基本公共服务均等化的建设目标，基本建成全国应急广播体系；公共服务覆盖面和适用性显著提高，管理机制更加健全；智慧广电得到普遍应用。在新的历史时期，如何将广播电视公共服务建设

---

① 国家广电总局发展研究中心课题组：《中国农村广播影视公共服务》，中国广播电视出版社 2008 年版，第 83 页。

与政府职能转变、智慧广电建设、应急广播体系建设有机结合起来,构建智慧型全媒体公共服务生态系统,推进农村地区公共服务整体提升,进一步完善广播电视公共服务长效机制,这是广播电视转型升级的战略重点。

(一) 进一步明确新时代广播电视公共服务的主要矛盾和基本目标

党的十八大以来,我国广播电视公共服务实现从"村村通"向"户户通"的升级,基本解决了全国人民听到广播看到电视的问题。中国特色社会主义进入新时代,广播电视公共服务的主要矛盾已经转化为人民听好看好用好广播电视的需要和不平衡不充分的发展之间的矛盾,突出表现为标准化和均等化建设有待加强,覆盖面和适用性亟须提高,不能完全满足人民高质量公共服务需要,不能完全适应信息技术革命发展实践。

基于此,广播电视公共服务体系建构的基本目标可以归纳为以下三个方面。

第一,普遍服务,即服务的均等化。依托"村村通工程"和"西新工程",我国广播电视公共服务已基本实现农村地区、民族地区、边疆地区广播电视公共服务的均衡覆盖。"2020 年,广电总局策划实施了老少边穷地区应急广播体系建设工程、智慧广电固边工程、贫困地区广播电视制播能力建设等一批新的惠民工程项目。"① 其中,应急广播体系建设工程满足了应急信息发布、疫情防控、防灾减灾、社会治理等多层次应急工作需要。智慧广电固边工程强调边境地区智能化、数字化、一体化发展,有利于维护边疆和谐稳定和意识形态安全。这些举措既要坚持以人民为中心的服务意识,通过有线、无线、卫星三种覆盖方式,实现智能协同覆盖,以县级融媒体平台为依托构建智慧乡村公共服务长效机制。同时,也需要广播电视内容产品提升人文关怀和公共属性,保持基本文化需求和多样化文化需求的动态平衡,推动公共文化服务增设个性化、场景化服务的转变。

第二,优质信息,即提供优秀的广播电视节目。公共性内容供给和

---

① 刘继生:《加快推动广电公共服务提质升级》,《中国广播电视学刊》2021 年第 4 期。

基础设施建设并重，要提升农村广播电视公共服务能力，需要优化节目内容资源配置，探索建立本地服务平台，推动优质资源向基层下沉、向乡村覆盖。这就要求精准推送人民群众喜闻乐见的公共服务内容，打造与后信息化社会相适应的知识型、网络型、分享型的内容服务体系；同时，还要将中华民族优秀传统文化和社会主义核心价值观渗透和融入广播电视生产传播各个环节。

第三，多元供给，即所提供的媒介产品能满足不同人群的差异化需求，或满足同一群体的不同需求。随着移动互联网时代的到来，公众的媒介使用习惯被重塑，媒体单向、线性的传播方式、"新华体"的传播语态、传者导向的内容生产方式与公众需求错位、脱节。因此，广电媒体服务用户的精准意识成为其公共服务中的一个重要原则。

（二）加快政府与市场统筹推进、系统内与系统外联动互补

党的十八大以来的一系列政策文件为广播电视公共服务体系建设提供了积极的政策环境和有力的制度保障，纠正了自20世纪90年代以来形成的重经济效益、轻公共服务职能，重传输覆盖、轻内容供给公共性的认识误区和实践弊端。同时，数字技术、移动传播为广播电视公共服务的普遍服务、多元供给提供了技术基础。

新时代中国广播电视公共服务建设既要坚持政府与市场统筹推进，又要加快系统内外资源的联动互补。"坚持政府主导，积极争取将广播电视基本公共服务纳入政府购买公共服务目录；坚持社会广泛参与，大力推动广播电视公共服务由政府直接提供向社会化、市场化发展转变，构建政府引导、社会参与的公共服务运行保障体系。"① 立足于公众的切实需求设计融合策略，加快县级融媒体中心建设，将广播电视的信息服务功能有效拓展到党建服务、政务服务和公共服务领域等。广播电视媒体应充分利用政策优势，积极发挥互联网思维带来的融合效应，推动广播电视产品、业态和服务的供给侧改革，满足公众丰富、多元、高品质的"信息+政务+服务+商务"需求。

---

① 杨国瑞：《推进新时代广播电视公共服务体系建设》，2020年3月15日，http：//theory. people. cn/n1/2018/1119/c40531-30408804. html。

第二节　农村电视公共服务的现实图景

经过新中国成立后七十多年来艰苦卓绝的发展，我国农村电视公共服务建设取得了巨大成就。在传输覆盖方面，我国先后实施"村村通""西新工程"项目，推出了有线电视、卫星广播、数字电视、IPTV 等新的传输手段，拓展了广播电视公共服务范围，提升了广播电视公共服务的技术标准。在内容制播方面，中央广播电视总台、省市县级广播电视台相继开通对农广播电视频道／频率，为丰富农民群众文化生活、提高农民信息意识和媒介素养打造了公共平台。"截至 2020 年底，全国广播节目综合人口覆盖率 99.38%，电视节目综合人口覆盖率 99.59%，分别比 2019 年提高了 0.25 和 0.20 个百分点。我国农村广播节目综合人口覆盖率 99.17%，农村电视节目综合人口覆盖率 99.45%，分别比 2019 年提高了 0.33 和 0.26 个百分点。"[①] 这意味着我国农村电视公共服务正从补缺型向普惠型转型升级，体现出公共服务的公益性、基本性、均等性与便利性要求。但另一方面，我国现行的政、事、企三位一体的广播电视运营机制也给农村电视公共服务建设造成了诸多不便；同时，社会经济发展与技术变革也推动着公共需求的快速变化，对农村电视公共服务形成巨大冲击。可以说，当前我国农村电视公共服务建设还面临着诸多问题。传输覆盖是基础、内容服务是核心、财政保障是后盾，笔者主要从这三个方面对农村电视公共服务建设的现实困境做具体分析。

一　传输覆盖：区域发展不平衡

传输覆盖网络建设是农村电视公共服务的基础环节，是提供节目内容服务的前提。20 世纪 90 年代广电部门提出并实施"工作重点在覆盖、覆盖重点在农村"的战略思路，大力推进广播电视"村村通工程""西

[①] 前瞻产业研究院：《2021 年中国广播电视行业市场现状及发展趋势分析》，2021 年 10 月 8 日，https://www.163.com/dy/article/GCN5V7MP051480KF.html。

新工程"与直播卫星"户户通"工程，加强对农村地区、少数民族地区与西部偏远地区的网络覆盖建设，取得了重大进展。对于整个国家而言，"村村通工程"和"西新工程"这两大工程的实施有着重大战略意义。"村村通工程"加速了广播电视公共服务的城乡均等化，"西新工程"则推动广播电视公共服务在不同地区和不同民族之间的均等化，有利于提升农村和老少边穷地区人民群众的物质生活水平和文化生活质量。"截至2020年底，全国开展广播电视和网络视听业务的机构约4.8万家。其中，广播电台、电视台、广播电视台等播出机构2543家，持证及备案网络视听机构643家，近千家县级融媒体中心取得网络视听节目许可证，从事广播电视节目制作经营机构约3.7万家。"[1] 我国广播电视传输覆盖体系已形成了无线、有线、卫星、互联网多重覆盖，模拟和数字并存的格局。"十二五"末，伴随着全国82万个20户以下已经通电"盲村"村村通工程的收尾，我国面向农村用户的广播电视公共服务体系基本建成，广播电视公共服务的全覆盖基本实现。但是，我国广播电视传输覆盖仍然存在城乡与地区发展失衡的问题。

（一）城乡之间广播电视传输覆盖的不平衡

自改革开放以来，我国城市化进程加快，城市的经济水平、基础设施、文化环境、人口规模等都得到了长足发展，而农村由于受产业结构单一、公共保障不足、劳动力流失、农民增收渠道狭窄等多种因素影响发展滞后，城乡差距不断加大。在广播电视公共服务领域，这种差距表现为城乡之间广播电视传输覆盖的不平衡。在当前我国的传媒环境中，由于信息分配不公平，农村、农民日益深陷"信息孤岛"之中，沦为社会性的信息弱势群体。"从报刊到广播、电视以及互联网，当代传媒都自觉地避开社会底层受众（包括尚未脱贫的广大农村人口、城市贫民、收入甚微的农民工等），不约而同地将目标锁定在社会'强势人群'（城市市民阶层、白领和中产阶级等）。"[2] 石长顺教授在《中国广播电视公共

---

[1]　国家广播电视总局：《2020 年全国广播电视行业统计公报》，2021 年 6 月 5 日，http：//gbdsj. gd. gov. cn/zxzx/hydt/content/post_ 3263832. html。

[2]　周华姣：《从信息公平的角度来看信息弱势群体》，《河南图书馆学刊》2007 年第 4 期。

服务》一书中，调查了城乡之间广播电视传输覆盖的不平衡现象。调查数据分析发现："在电视机拥有量上，有52.8%的农村用户只有一台电视机，30.7%的受访者拥有两台电视机，拥有三台及以上电视机的用户占16.3%。

在农村家庭电视接收方式上，以有线方式和直播卫星方式为主；在电视收视质量方面，农村家庭平均能收看到的频道数为38套，用户对电视信号质量的评价多为一般，占总数的54%；而认为信号好的用户有37.4%，只有8.5%的人认为信号是差的。

绝大多数农民认为城乡居民在广播电视接触使用上有差距。有38%的受访者认为与城市居民在广播电视的接触使用上差距很大；36%的受访者认为城乡居民之间有一些差距。在大多数情况下，农民的知识结构、文化素养远不及城市居民，即使拥有与城市居民同等的电视资源，农村受众在资源利用、解读上也仅仅停留于表面。"[①]

当前，广播电视公共服务主要是依托无线传输与卫星传输实现对广大农村与偏远地区进行全覆盖。相较于有线传输覆盖，无线传输覆盖与卫星传输覆盖接收方式简便、接收成本较低且覆盖面广，对于居住分散、地形复杂多样的农村偏远地区而言，是一种经济有效的传输覆盖手段，也是广播电视"村村通工程"与"西新工程"采取的主要覆盖手段。但是，这两种覆盖方式又有致命的缺点，即接收信号易受干扰、接收频道数量有限。在脱贫攻坚向乡村振兴的有效衔接过程中，国家广电总局深入实施广播电视"户户通工程"。截至2020年底，"农村广播节目综合人口覆盖率99.17%，农村电视节目综合人口覆盖率99.45%，分别比2019年提高了0.33和0.26个百分点。农村有线广播电视实际用户数0.71亿，在有线网络未通达的农村地区直播卫星用户1.47亿，同比增长2.80%"[②]。尽管农村广播电视节目综合人口覆盖率稳步提升，但仍有很大一部分用户依靠无线和卫星信号收看数量有限的电视频道，而这些用

① 石长顺、石婧：《中国广播电视公共服务》，光明日报出版社2013年版，第125—128页。

② 国家广电总局：《2020年全国广播电视行业统计公报》，2021年6月5日，http://gbdsj.gd.gov.cn/zxzx/hydt/content/post_3263832.html。

户基本处于农村地区。在城市开始由模拟电视向数字电视转变、由宽带广电业务向智慧广电业务升级的阶段，我国部分农村地区的电视公共服务还滞留在"满足起码的收听、收看条件"这一基本需求层面上。另外，数字付费频道的推出，使得现阶段的农民与城市居民拥有的电视资源差距进一步拉大。

公共服务的核心在于均等化，其前提和基础在于聚焦城乡差距、区域差距，加大国家对欠发达地区的支持力度，加快革命老区、民族地区、边疆地区和贫困地区经济社会发展。广播电视公共服务的均等化意味着不断完善农村文化基础设施，改善农村教育教学条件，使农民在信息接收上具备与城市相当的硬件资源。只有正视农村受众在收视上的弱势地位，不断提升农民群体的媒介使用和信息解读能力，逐渐弥合农民群体在公共事务中的缺位与失语状态，才有可能将广播电视公共服务的均等化目标落到实处。

（二）农村之间广播电视传输覆盖的不平衡

改革开放以来，城乡发展速度令人瞩目，但这种发展是不均衡的。不仅是城乡之间的不均衡，还表现为不同区域的农村之间的不均衡。中国东部、中部和西部的农村之间有较大差距，尤其是西部农村和东部农村之间传播覆盖差异更为明显。石长顺教授在《中国广播电视公共服务》一书中，专门调查了江苏、湖北和四川三省农民在农村广播电视收视中的差异，侧面证实了农村之间广播电视传输覆盖的不平衡。该调查数据显示："在受访者家庭拥有电视机数量上，江苏受访者拥有 3 台电视机的家庭有 36.7%，湖北次之，但所占比重下降为 6.7%，而四川受访者中拥有三台电视机的用户几乎为零。

在收看频道数量上，江苏受访者全部达到或超过 8 套节目，而湖北和四川仍分别有 17.2% 和 6.7% 的用户收看电视节目数少于 8 套。

在电视信号质量方面，认为'信号好'的用户江苏最多，有 66.7%，湖北也有 60% 的用户认为信号质量好，四川则只有 30.8%。

对于'是否愿意为数字电视付更多的收视费'，表示'愿意'的用户中，湖北最高，为 48%，江苏是 37%，四川最少，只有 7%。

三省用户接收信息的主要媒介类型中，江苏排前三位的分别是电视机、手机和电脑，湖北和四川排前三位的都是电视机、手机和DVD。"①

通过对这三个省份调查数据的比较分析，不难看出区域经济发展水平对农村广播电视公共服务的质量与效率影响突出。其中，西部地区的家庭拥有电视机数量、收看频道数量和信号质量都要比中部、东部少、差。同时，在满足农民对广播电视公共服务的需求上，差距也十分明显。中部、西部的农民，获取信息的渠道比较单一，首要被满足的是能看电视听广播的硬件设施需求，并没有相对明确的内容服务需求。东部农民由于经济条件较为优越，他们对农业政策、市场动态、农技信息等内容服务需求更为强烈。因此，要真正实现农村广播电视公共服务的均等化发展，必须根据各地区不同的经济发展水平进行差异化施策。

二 内容服务：供应不足与错位

内容服务是农村电视公共服务的核心，包括对农电视频道、栏目或节目。"农村电视公共服务消费需求可以分为三个层次：第一层次是技术满足。满足农村收看到清晰稳定的电视信号；第二层次是内容满足。满足农村能够接收足够套数的电视频道；第三层次是需求满足。满足收看到电视节目对农民群众的生产生活需求相对应。"②

近年来我国对农电视节目、对农电视频道稳步发展，对农电视传播取得了较大进步。1998年实施的广播电视"村村通工程"基本实现了我国大部分农村地区的广播电视网络覆盖。根据国家统计局2021年发布的数据显示，"截至2020年底，全国广播节目综合人口覆盖率99.38%，电视节目综合人口覆盖率99.59%，分别比2019年提高了0.25和0.20个百分点"③。全国各级有线电视网络传输机构，不断加强基础设施建设，开

---

① 石长顺、石婧：《中国广播电视公共服务》，光明日报出版社2013年版，第133—135页。

② 国家广电总局发展研究中心课题组：《中国农村广播影视公共服务》，中国广播电视出版社2008年版，第51—52页。

③ 国家广电总局规划财务司：《2020年全国广播电视行业统计公报》，http://gbd-sj.gd.gov.cn/zxzx/hydt/content/post_ 3263832.html。

展多样化业务和多元化经营，推动有线电视网络从数字化向智能化转型发展，"保用户、促发展"取得较好成效，网络承载能力不断提升。"农村广播节目综合人口覆盖率99.17%，农村电视节目综合人口覆盖率99.45%，分别比2019年提高了0.33和0.26个百分点。农村有线广播电视实际用户数0.71亿，在有线网络未通达的农村地区直播卫星用户1.47亿，同比增长2.80%，农村广播电视网络基础设施持续改善。"[1]

虽然近年来我国对农广播电视事业取得了长足的进步，但是通过整体考察国内电视对农栏目、频道建设的现状，笔者发现其内容生产主要存在节目资源匮乏和内容错位等问题。

（一）节目资源匮乏，播出时长不足

我国是一个发展中的农业大国，农业人口数量庞大，电视承担着为三农发展提供公共文化服务的重任，其中对农电视频道是其重要支撑。我国地域辽阔，地形复杂，所以对农电视频道的普适性与重复利用率较低，原则上每个省级行政单位都应该开播一个相应的对农电视频道。目前对农电视频道的数量不足、质量不高，已经成为影响农村电视公共服务的关键因素。

"截至2020年底，制作农村电视节目时间71.38万小时，同比增长5.59%，占制作电视节目时间的21.75%；播出时间452.02万小时，同比增长6.40%，占播出公共电视节目时间的22.73%。"[2] 但是，与这一状况形成较大反差的是，目前全国已经开通的对农电视频道只有10家：中央电视台第17套农业农村频道、河北电视台农民频道、黑龙江省公共农业频道、河南电视台新农村频道、吉林电视台乡村频道、湖北垄上频道、山东电视台农科频道、陕西农林卫视、重庆公共农村频道、浙江电视台新农村频道。同时，由于农村有线网络覆盖范围有限，农民实际能够收看到的对农电视频道再次减少。对农电视频道资源极其稀缺，对农电视

---

① 国家广电总局规划财务司：《2020年全国广播电视行业统计公报》，http：//gbd-sj.gd.gov.cn/zxzx/hydt/content/post_3263832.html。

② 国家统计局：《文化事业繁荣兴盛　文化产业快速发展——新中国成立70周年经济社会发展成就系列报告之八》，2021年3月25日，http：//www.stats.gov.cn/tjsj/zxfb/201907/t20190724_1681393.html。

节目播出时长有限，这与我国农业大国的基本格局严重不匹配。

2019 年 9 月 23 日，中央电视台农业农村频道（CCTV-17）在第二个中国农民丰收节当天正式开播。它是我国首个面向"三农"的国家级全媒体频道，旨在更多聚焦、全面覆盖"三农"主题。笔者从 2020 年 9 月 28 日至 10 月 4 日，连续一周考察了 CCTV-17 的节目设置和播出时长（见表 1-1），研究发现：尽管 CCTV-17 改版以来，在节目时长上从 8 小时扩展到 18 小时，在节目设置上全力打造传播"三农"信息、助力脱贫攻坚的政策资讯平台、加快推进农业农村现代化的交流平台、弘扬乡村文明的文化平台，以全新面貌讲好"三农"故事；但是，在每天播出的1080 分钟节目里，首播节目平均时长仅为 300 分钟，一档节目每日平均重播 3 次，大量时间消耗在重播之中，降低了传播效果。

表 1-1   CCTV-17 节目设置及时长表

节目名称	节目类型	节目播出时段	节目全天占比	节目全天时长
《中国三农报道》	新闻资讯	每日 19：30—20：00	1.5：24	90 分钟，每日重播 2 次
《三农群英汇》	新闻故事	每日 20：00—20：30	1：24	90 分钟，每日重播 2 次
《乡村大舞台》	乡村文艺	周五 20：00—21：20	4：24	240 分钟，每日重播 3 次
《我的美丽乡村》	户外综艺	周三 21：00—22：20	4：24	240 分钟，每日重播 3 次
《致富经》	人物访谈	周一—周五 21：30—22：00	1.5：24	90 分钟，每日重播 2 次
《田间示范秀》	农技培训秀	周一—周六 12：30—13：20	2.5：24	150 分钟，每日重播 2 次
《乡理乡亲》	医疗、法律服务	周日 22：00—22：50	1.6：24	100 分钟，每日重播 1 次
《谁知盘中餐》	科学实验秀	周一—周五 17：00—18：00	1：24	60 分钟，每日重播 1 次
《乡土中国》	农耕文艺	周六 8：00—8：40	2：24	120 分钟，每日重播 2 次
《攻坚日记》	微纪录	每日 20：30—21：00	1.5：24	90 分钟，每日重播 2 次
《大地讲堂》	三农问题讲演	周日 8：00—8：30	1.5：24	90 分钟，每日重播 2 次
《地球村日记》	微纪录	每日 13：41—13：55	0.5：24	30 分钟，每日重播 1 次
《我爱发明》	科技真人秀	周一—周五 16：00—16：30	1.5：24	90 分钟，每日重播 2 次

节目名称	节目类型	节目播出时段	节目全天占比	节目全天时长
《农业气象》	天气预报	每日 8：30—8：35	0.4：24	25 分钟，每日重播 4 次
《超级新农人》	农技挑战秀	周日 20：30—21：50	4：24	240 分钟，每日重播 2 次

　　另外，笔者通过搜索我国各省市电视台官方网站及相关搜索引擎，如搜视网、电视猫，搜集整理了 10 家电视对农频道的日播节目单和日播对农节目时长统计表（见表 1-2）。统计结果显示，对农节目每日播出时长占据频道日播总时长 50% 及以上的对农频道数量仅为 2 个。按播出时长比例由高到低排列，前三位分别是中央电视台农业农村频道、湖北垄上频道、河北农民卫视。另有 4 家对农电视频道的对农电视节目日播量处于日播总时长的 10% 以下。除去重播部分，对农电视节目每日的首播时长极为有限。

表 1-2　　　　　　国内 10 家电视对农频道对农节目时长统计

频道名称	日播总时长（分钟）	日播农业栏目时长（分钟）	日播时长比例	日首播农业栏目时长（分钟）	日首播时长比例
CCTV-17	1080	780	72%	300	28%
湖北垄上频道	1400	830	60%	330	24%
河北农民频道	1080	520	48%	250	23%
陕西农林卫视	1440	517	36%	208	14%
山东农科频道	1440	289	20%	145	10%
吉林乡村频道	1440	200	14%	75	5%
河南新农村频道	1400	60	4%	60	4%
浙江公共新闻频道	1440	82	6%	42	3%
重庆公共农村频道	1440	90	6%	60	4%
黑龙江北大荒农业频道	1440	60	4%	45	3%

　　与对农电视节目数量匮乏相对应的是电视购物、影视剧场和医药医美广告在对农频道中的泛滥。例如，黑龙江北大荒农业频道在日播时段

内设置了北大荒剧场、金谷剧场、希望的田野乡村剧场和午夜剧场四个影视剧场，播放影视剧总时长达 11 小时，远远超过频道对农节目播出时长。河北电视台农民频道早间至上午时段中大部分为医药广告，几乎无任何正规电视节目播出。河南电视台新农村频道全天只有《9 号直播间》和《明星有戏》两个对农电视节目。浙江公共新闻频道将对农电视节目泛化在公共新闻的范畴之下，仅有《爱上乡村》一档与农业农村直接相关的电视节目。

（二）内容供给错位，非专业化和泛娱乐化

除了数量上的匮乏之外，国内现有的对农电视节目还存在供给错位现象，呈现非专业化和泛娱乐化特征。笔者搜集整理了 9 家省级对农电视频道的主打节目清单后发现（见表 1-3），这些农业频道的节目以新闻类为主，其次是娱乐类、服务类节目和法制类节目。主打节目包括农村科技知识传播类、"三农"新闻类、农村致富类等频道自制节目。

表 1-3   **9 家省级对农电视频道主打节目清单**

频道	主打节目
湖北垄上频道	《垄上行》《垄上故事汇》《寻医问药》《蓝领福利社》《和事佬》《欢乐送》《喜子来了》《剧场》
河北农民频道	《走进美丽乡村》《非常关注》《健康类节目》《热播剧场》《非常帮忙》《农博士在行动》《村里这点事》《村花朵朵》
陕西农林卫视	《三农信息联播》《三农大视野》《天天农高会》《村里村外》《致富故事会》《科技大篷车》《农村大市场》《忙罢戏楼》
山东农科频道	《中国原产递》《山东三农新闻联播》《生活大赢家》《乡村季风》《农资超市》《名医话健康》《中国式养老》《农事气象站》《剧场》
吉林乡村频道	《二人转总动员》《名师高徒》《乡里乡亲》《乡村四季 12316》
河南新农村频道	《9 号直播间》《明星有戏》《穿越经典》《东方电影报道》《乡音剧场》《精彩剧场》
浙江公共新闻频道	《爱上乡村》《文化大舞台》《党建好声音》《法治中国》《养生大国医》《浙江海洋预报》《浙江警视》

频道	主打节目
重庆公共农村频道	《凌晨剧场》《剧场》《拍案说法》《天天农事通》《正说家装》《自然塑美》《山城好吃狗》《巴渝视窗》《大律师在线》
黑龙江 北大荒农业频道	《北大荒剧场》《三农最前线》《拉林河畔》《帮忙》《健康在线帮》《产业振兴看农投》《金谷剧场》《希望的田野乡村剧场》《午夜剧场》

　　笔者对 10 家对农电视频道的 83 档对农栏目划分为农业新闻、农业科技、农业经济、社会服务、农村文化、综艺娱乐、农业气象 7 个类别，统计结果如图 1-1 所示。

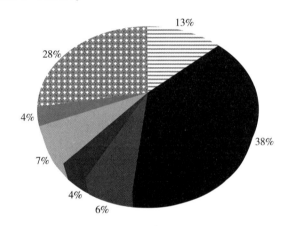

= 农业新闻　■ 综艺娱乐　■ 农业经济　■ 农业科技　■ 农村文化　■ 农业气象　■ 社会服务

图 1-1　10 家对农电视频道节目类型占比

　　不难看出，娱乐类栏目比重过高。如图 1-1 所示，娱乐类栏目占到对农栏目总量的 38%，居于绝对主导地位。"农民选择电视的理由是节目好看，能了解外面的世界。他们对文艺娱乐信息不那么看重，仅作为消遣，几乎所有的人都认为自己需要培训。"[1] 然而，国内几乎所有的专业化对农电视频道都设有自办的以戏曲节目和文艺汇演为主的农村娱乐栏

---

[1]　谭英：《农村公民人文科学素养的电视信息传播导向研究——从农民的视角》，《科普研究》2007 年第 2 期。

目，这显然与农民朋友的实际收视需求存在一定差距。

围绕市场经济的农业信息类栏目匮乏。当下中国农村和中国农民的生活和命运广泛地与市场发生联系。随着互联网技术和互联网经济的融合，我国的农业发展已经受到经济全球化浪潮的深度影响。因此，市场需求与农业信息技术和农业信息专业化的供给不相匹配的矛盾，已经呈现在我国市场化程度较高的农业领域。然而，国内专业化对农电视频道现有的5档"农业经济"栏目中，有3档聚焦于农业经济领域的致富项目及所涉创富人物，另2档栏目虽与农产品及农资买卖相关，信息容量和时效性都大打折扣。陕西农林卫视近年来大力推出的《天天农高会》《农村大市场》两档日播农业市场信息类栏目，却与该频道的《科技大篷车》《致富故事会》等栏目在定位上雷同，非专业化成为对农经济信息节目策划定位上的通病。

另外，对农电视频道与节目投入较高但创收有限，为求生存，一些对农电视频道的综合化、城市化倾向十分明显。由于各级电视农村信息服务缺乏具体有效的信息反馈管理机制，农民与提供对农电视节目服务的主体之间缺乏有效沟通，导致电视机构常常根据自身宣传、工作及利益的需要来选择服务内容，报道视角错位现象突出：其一，报道视角单一，偏重政府有关部门的声音，缺少公共服务意识；其二，内容不丰富，对农民需要知道的医疗卫生保健知识、法律维权知识、农产品市场信息等呈现得不多、不及时；针对性较弱，农民能获取的有用、能用的农业指导信息仍然很少……节目呈现的内容不符合农村当地的实际情况，无法满足农民群众生产生活的实际需求，不仅不利于农村广播电视公共服务的开展，而且有损电视机构长期建立起来的媒体公信力。

三 财政保障：经费来源不充足

财政保障是农村电视公共服务的坚实后盾，它是形成广播电视公共服务长效机制的经济保障，直接决定了传输覆盖与内容服务的进程与质量。我国广播电视兼具政治属性、经济属性和公共属性等多重属性，既要肩负传播党和国家方针政策的喉舌职能，又要发展传媒产业、推动传媒经济快速发展，还要维护公众利益、满足均等化、普适性的公共信息需求。

我国电视公共服务的收入来源经历了从计划经济时代的"单一财政拨款"时期，到改革开放初期的"财政拨款为主、商业收入为辅"时期，再到 20 世纪 90 年代的"事业单位、企业化管理"时期，最后到目前的"公益性事业和经营性产业并行发展"时期。但是，我国广播电视的事业属性与产业属性、党性与媒体性、政治宣传功能与社会公共利益服务功能难以明确区分。一方面广播电视媒体具有政治属性，广播电视资源属于公共资源，是共产党领导的新闻事业。另一方面，广播电视媒体又具有经济属性，依靠市场力量和广告收益维护其运营和增长。这就决定了广播电视媒体同时扮演着"政治喉舌"和"逐利商人"的双重角色，实现"社会效益"和"经济效益"并重的多重功能定位和多重价值目标。通过对 9 家对农电视频道运营状况的考察，不难发现普遍存在收入高度依赖广告，政府扶持力度小，公共服务节目弱化等问题。

（一）广告收入遭遇天花板

随着移动互联网技术的更新迭代和多元主体进入内容生产领域，传统电视的"内容+渠道"优势不再，以广告收入为主的运营模式遭遇增长天花板。《2020 年全国广播电视行业统计公报》数据显示："全国广告收入 1940.06 亿元，同比下降 6.52%。其中传统广播电视广告收入 789.58 亿元，同比下降 20.95%。"[1] 在广播电视的收入来源中，广告收入是绝大多数广播电视台的主要收入来源。当广播电视媒体一切以盈利为目标的时候，收视率将成为万恶之源，那么广播电视的公共服务职能就会大打折扣，社会效益将屈从于经济效益。

从 9 家对农电视频道的运营状况来看，"其主要收入来源全部依靠广告收入，平均占整体收入来源的 81.6%。广告投放商以农业产品生产类

---

[1]　国家广电总局规划财务司：《2020 年全国广播电视行业统计公报》，2021 年 6 月 15 日，http://gbdsj.gd.gov.cn/zxzx/hydt/content/post_ 3263832. html。

和农业科技服务类为主"①。（见表1-4）

表1-4　　　　　　　　九家对农电视频道广告收入状况

频道	主要收入来源	近三年广告收入（元）	广告投放商	三年广告收入在总收入中的平均占比	三年节目投入资金（元）
CCTV-7（现为CCTV-17）	广告收入	2亿；2.2亿；2.4亿	农业产品生产类；农业科技服务类	77%	1.2亿；1.2亿；1.4亿
河北农民频道	广告收入	1.8亿；2.1亿；2.0亿	农业产品生产类；农业科技服务类	85%	未填写
黑龙江公共农业频道	广告收入	6000万；5000万；5000万	农业产品生产类	90%	4000万；4000万；4000万
河南新农村频道	广告收入	7500万；7000万；6000万	农业产品生产类	100%	未填写
吉林乡村频道	广告收入	1.08亿；1.01亿；1亿	农业产品生产类；农业科技服务类	90%	500万；550万；600万
湖北垄上频道	广告收入	6500万；7000万；6000万	农业产品生产类；家居用品类	74%	4000万；4700万；4000万
山东农科频道	广告收入	7000万；7200万；8000万	农业科技服务类；家居用品类	96%	1000万；1200万；1500万
陕西农林卫视	广告收入	5000万；7000万；8000万	农业产品生产类；农业科技服务类	80%	2000万；3000万；5000万
重庆公共农村频道	广告收入	900万；1600万；3000万	旅游景点服务类；家居用品类	42%	700万；1100万；1600万

　　数据来源：《中国电视收视年鉴2018》。

---

① 冉华、窦瑞晴：《我国电视对农传播的整体现状——基于九个电视对农频道和两个农村地区的实证研究》，《湖北社会科学》2018年第5期。

从广告收入占比看，除了重庆公共农村频道以外，其他八个频道的广告收入占总收入比重超过 70%，河南新农村频道甚至达到 100%。从节目投入资金量来看，除吉林乡村频道外，其他八个频道节目投入资金量都是千万元级别，CCTV-17 更是达到亿元级。面对不断扩大的节目资金投入和广告收入增长的天花板，对农电视频道不得不放弃公共服务定位，跟其他商业性的媒体一样参与市场竞争，争夺广告市场份额。对农电视的公共服务节目弱化，社会文化功能消解，"三化"（低俗化、媚俗化、泛娱乐化）倾向严重。

对农电视节目市场出现"市场失灵"，影响了农村地区受众的基本文化权利。一方面，农民群体的收视需求偏重于农技信息、市场信息等，如果对农电视频道一味追逐市场效益，那么农民群体的信息需求就会被漠视、挤压；另一方面，由于对农电视频道受众的购买力较弱，势必抑制广告商的广告投入品类和数量，长此以往影响农业频道的广告收入增长和持续健康发展。如何在新媒体环境中完善对农传播的公共服务理念，通过提供个性化增值服务来实现盈利，是对农传播主体面临的最大挑战。

（二）有限的政府财政扶持

20 世纪 80 年代兴起的新公共管理理论认为，为了应对财政赤字和政府信任危机，政府的管理模式应由官僚的、缺乏弹性的行政管理转向市场导向的、应对变化的公共管理。政府负责政策的制定，而政策的执行则由公共部门、私营部门、非营利部门共同承担，公共服务的决策和执行分离体现出公平和效率的统一。

但是，在我国的公共服务实践中，政府不仅承担公共服务的投入和生产，还负责公共服务的分配、消费和监管等多种职责。目前，我国电视公共服务传输覆盖的财政供给模式是："无线覆盖属于纯公共产品，以政府财政拨款为主；有线覆盖属于准公共产品，采取政府主导、社会参与；电视新媒体服务属于私人产品，采取政府参与、市场主导，'谁投资、谁收益'的原则。"[1] 电视公共服务中内容服务的财政供给体现在：三农、儿童、科教等公益性频道或节目主要依靠电视台内部的交叉补贴，

---

[1] 张昆：《新闻与信息传播论坛（2011 卷）》，华中科技大学出版社 2012 年版，第 115 页。

其他频道与节目基本依靠广告收入与收视费等维护运营。

在这种复杂的财政供给模式下，国家财政补助成为农村电视公共服务的主要经费来源。但是，我国农村地域广阔且分散，不同区域农民需求又有所不同。所以，无论是农村电视公共服务的传输覆盖还是内容供给，对财政投入的需求都非常大。《2020年全国广播电视行业统计公报》数据显示："全国广播电视行业总收入9214.60亿元，同比增长13.66%。其中，广播电视和网络视听业务实际创收收入7711.76亿元，同比增长13.96%；财政补助收入968.33亿元，同比增长20.74%。"①尽管财政补助收入有所增长，但是在广电行业总收入的占比仅为10%。政府的财政补助数量有限，仅仅是对无线覆盖的网络建设，政府的财政支持就已经力不从心。由于公共财政的缺位，农村地区的有线覆盖与数字化进程也受到影响。公共财政支出有利于缩小地区差异、城乡差异、民族差异和性别差异，特别是缓解我国7亿农村人口的广播电视公共服务供给严重不足，以及城乡二元财政体制不能提供充足财政保障的现实困境。由于对农电视频道的设置和节目制播具有公益属性，其制作资金来源主要依靠电视台内部交叉补贴。因此，稳定的政府财政补助是广播电视公共服务内容生产的制度保障。

实际上，对农电视频道并不具备与商业频道相抗衡的先天条件。政府必须在竞争和垄断之间建立起有效的平衡协调机制，在满足公共利益需求的基础上实现传媒产业的可持续健康发展。对农电视频道要回归公益性的传播定位，就需要以政府为主导，将广播电视公共服务供给模式从单一供给向多元主体供给模式转变，增强公共服务供给的竞争性和效率，形成以国家机制为主、市场机制、社会机制为辅的多元供给体系。政府要加大对农传播主体的财政扶持力度，让对农电视频道能够专注于为农民提供其真正需要的内容服务。政府还要引导多元化市场主体加入农村电视公共服务的建设中，推进农村电视公共服务财政供给的多元化，从而更好地实现农村公共服务的均等化、多样化。

---

① 国家广电总局规划财务司：《2020年全国广播电视行业统计公报》，2021年6月15日，http://gbdsj.gd.gov.cn/zxzx/hydt/content/post_ 3263832.html。

第二章 农村公共服务中电视媒体平台化转型的动因

在政府的大力扶持与"村村通工程""西新工程"等一系列重大惠民工程的持续推进下，我国农村电视公共服务取得了重大进展，基本实现了公共服务的全覆盖。但是，在传输覆盖、内容供给与财政保障三个方面分别存在区域发展不平衡、供应不足与错位、经费来源不充足等主要问题，而这些现实问题正是对农电视平台化转型的动因。本章将结合农村公共文化服务的理念变革、农村电视公共服务的困境突围、融媒体时代电视媒体公共服务功能拓展的发展需求，对农村公共服务中电视媒体平台化转型的动因进行分析。

第一节 农村公共文化服务的理念变革

电视媒体是提供农村公共文化服务的重要载体，是推进城乡文化一体化发展的综合工具。互联网改变了社会生产、生活方式，带来线下生活向线上的全面迁移。在共建共享的互联网时代，农村公共文化服务理念正在发生深刻变革。"公共文化服务不再以提供者为中心，而转变为以公众为中心，同时兼顾公众的个性化服务和增值服务；由单一渠道服务向多渠道一体化服务变革。"[①]政府不仅仅是公共文化服务建设的掌舵者，

---

① 刘京晶：《互联网时代公共文化服务的治理改革》，知识产权出版社2016年版，第4—5页。

还是服务者；文化事业和文化产业都是公共文化服务的重要组成部分，其共同任务是助推文化消费；公共文化服务由"政府部门单向提供"向"多元主体互动提供"转变；公共文化服务实现优质化与多样化、标准化与个性化的统一。公共文化服务从"文化管理"到"文化治理"，从"利益说"到"价值说"的转变，为对农电视积极参与农村产业链发展，提供理论支持。

一 农村公共文化服务中的政府角色：从文化管理到文化治理

公共文化服务建设是衡量政府管理水平和能力的重要指标。农村公共文化服务中的政府角色经历了从"文化管理"到"文化治理"的历史变迁。受计划经济影响，我国公共文化服务体系建设初期，以文化管理为主，主要由政府提供公共文化产品，文化市场没有充分开发、社会参与度不足。文化管理是指"政府文化部门为实现预期的文化发展目标，通过建立规章制度和规划对文化事业和文化市场进行组织、指挥、协调、监督和控制的管理过程"[1]。在此阶段，公共文化服务的提供者主要是政府下辖的文化组织管理机构，其对文化内容的生产和管理以行政逻辑贯穿始终。公共文化服务表现出过于注重内部管理的层级运作，实践过程中缺乏民众参与，民众的文化需求没有得到充分满足或者服务内容与群众需求不匹配，造成政府文化管理的滞后、缺位等问题。更为重要的是，这一时期公共文化服务体系中并不包含文化市场领域内容，公共文化服务供给主体有限。因此，公共文化服务体系建设初期的整体服务水平较低。

随着经济社会的蓬勃发展、全面建成小康社会的目标确立，基层群众日益增长的精神文化需求尚未得到充分满足的弊端不断显现，引发公共文化服务的"政府失灵"问题，即"财政支出权重下移、收入权重相对集中、均等化转移支付不完善等制度性失灵，导致的直接后果就是公

---

① 吴理财、解胜利：《中国公共文化服务体系建设 40 年：理念演进、逻辑变迁、实践成效与发展方向》，《上海行政学院学报》2019 年第 5 期。

共文化服务滞缓、城乡区域发展不平衡"。① 在长期唯 GDP 的考核机制下，农村公共文化服务通常处于空心化、空无化状态，农民文化生活的公共空间被严重挤压，农村公共文化服务流于形式、有效供给不足。现代公共文化服务体系建设需要强化政府的掌舵职责，逐步用文化管理理念替代文化治理理念。

文化治理是指"依据文化自身规律，对文化资源、文化权力等进行配置，从而充分发挥文化在社会发展过程中的重要作用"②。这意味着：一要发挥政府治理的主导作用；二要引入市场机制，吸引多元主体和社会资源进入公共文化服务领域，积极促进资源跨体制流动；三要借助文化的功能克服并解决国家发展中面临的诸多现实问题，从而形成文化服务均等化、文化发展同步推进的城乡文化一体化发展格局。

文化治理逻辑下的公共文化服务重构了政府、民众之间的关系，强调服务主体与服务对象之间的互动性，以民众更愿意接受和参与的方式进行文化引领、构筑公共空间，从文化路径形成对社会的服务式整合。此外，将文化市场纳入公共文化服务体系中，构建社会、市场等多元主体参与下的合作共治。以文化治理逻辑进行公共文化服务，是在考虑民众意愿、吸引人民参与的基础上，通过整合资源、赋权社会，以更有效的方式进行文化生产和服务。所以，文化治理视角下公共文化服务体系的构建，不仅需要肩负起提高民众文化素养的任务，还需要以公共文化服务促进我国文化产业的发展，促使文化产业为民众提供更为优质的公共文化服务内容。文化治理视角下的农村公共文化服务，在内容生产与传播上，将更加注重农民的需求与参与；在服务运营上，将融入市场经营理念，为农村电视媒体突破收入来源单一的瓶颈提供了理论依据。

---

① 刘京晶：《互联网时代公共文化服务的治理改革》，知识产权出版社 2016 年版，第 11 页。
② 潘雁：《文化治理，关键在"治"》，2021 年 1 月 15 日，http：//www.rmlt.cn/2018/1108/532613.shtml。

二 文化事业与文化产业都是服务：目标是提供丰富优质的文化产品

随着经济社会发展进步和社会主要矛盾的转化，以文化消费为主的高品质精神文化产品供给越来越成为衡量人民幸福感、获得感的重要尺度。这为新时代文化事业和文化产业的共同繁荣提供了新的发展空间。文化事业是"以社会公益为目的，依靠国有资产举办的、在文化领域从事研究创作精神产品生产和公共文化服务的公益性活动及相关组织机构"[①]。文化产业则是"与文化事业相对应的概念，是指从事文化产品生产和提供文化服务的经营性行业"[②]。文化事业与文化产业既有区别又可以相互转化。文化事业以公益为目标，可以满足人民群众的基本文化需求；文化产业则以盈利为目标，力图满足人民群众多样化的文化需求。文化事业不仅可以为文化产业创造、培养、拓展市场，还可以助力提升文化产品的品质，增强文化产业的市场竞争力。公共文化服务体系不仅仅是一种文化支出和文化基本保障，也是激发文化生产活力、促进文化产业发展的重要动力来源。不论是国家出资还是私人出资，文化事业和文化产业在消费这一节点上具有相通之处，都可以提供文化消费服务。

文化产业和文化事业对应着公共服务的"利益说""价值说""服务说"等假说。"利益说"，即根据公众和私人的利益来界定公共服务，认为公共利益是判定公共服务的内在依据，物品（包括有形和无形）只有与公共利益相联系才具有公共服务的特性。"价值说"则认为公共服务是公共部门与准公共部门为满足社会公共需要，共同提供公共产品的服务行为的总称。"服务说"是"利益说"和"价值说"的落脚点。服务理念作为服务型政府的核心理念，强调公共管理的权力和合法性来源于人民，强调政府的服务意识和服务职能。政府职能由"文化管理"向"文化治理"转变，社会力量将更广泛地参与公共文化服务体系建设，让人

---

① 刘京晶：《互联网时代公共文化服务的治理改革》，知识产权出版社 2016 年版，第 22 页。

② 刘京晶：《互联网时代公共文化服务的治理改革》，知识产权出版社 2016 年版，第 22 页。

民群众共建共治共享是大势所趋。

2020 年广电总局印发《关于加强广播电视公共服务体系建设的指导意见》，指出深入推进供给侧结构性改革和"放管服"改革，进一步提高广播电视机构的积极性，挖掘行业协会等各类社会组织的潜力，激发企事业单位的活力，推进公共服务主体多元化，充实细化政府购买服务指导性目录，积极扩大购买范围，依法依规向民营企业等社会力量开放。国家从顶层设计层面对广播电视公共服务体系建设提出"宏观指导"建议，有利于实现政企分开、政事分开、管办分离，多元社会主体共同参与公共文化社会治理，不断强化政府服务理念，促进文化事业和文化产业共同繁荣发展，提高国家文化软实力。

作为对农村电视公共服务需求的积极回应，广播电视产业主动适应互联网趋势，利用互联网、大数据、云计算等作为技术支撑，充分发挥共创共享共赢的平台思维，从群众的文化需求出发，提供更多差异化、个性化、有特色、有针对性、便捷优质的公共文化服务，拓展公共文化服务的渠道和能力，提升城乡居民的公共文化服务体验。广播电视产业发展与公共服务形成相互依赖、互相促进的关系，为农村公共服务中电视媒体的"平台化"转型提供了理论支撑。

三　以"乡村文化重振"为核心的农村公共文化服务供给

长期以来，在农村公共文化服务中，其供给主体往往采用"自上而下"的旁观者视角对农村文化产品进行生产与供给，本质上是一种"城市文化下乡式"的农村公共文化服务供给模式，乡村自身的文化活力以及农民的文化需求、喜好未能得到充分重视和激活。"城市文化下乡式"的农村公共文化服务，"采取以上级命令为导向、效率至上的行政逻辑，其工具理性消解了人文关怀的价值理性，造成了农村公共文化服务需求与供给端的错位乃至脱节"。[①]

---

① 罗哲、唐迤丹：《农村公共文化服务的结构转型：从"城市文化下乡"到"乡村文化振兴"》，《四川师范大学学报》（社会科学版）2019 年第 5 期。

为解决农村公共文化服务中"城市文化下乡式"的供给模式所带来的问题,《乡村振兴战略规划(2018—2022 年)》从价值、功能、行为三个层面为"城市文化下乡"转向"乡村文化振兴"指明了方向。农村公共文化服务体系的结构转型,应重点关注优秀乡村文化的挖掘与传承,从他者视角转变为服务逻辑,以激发乡村文化的内生活力为目标,加强农村公共文化服务的高效发展。该规划着重强调发展乡村网络文化,借助互联网、移动互联网等新兴渠道进行农村公共文化产品供给,加强对乡村文化的数字化保护,宣传优秀农耕文化,激发乡村文化的内生动力。以"乡村文化重振"为核心的农村公共文化产品供给,以农村日常文化活动为重点,全面展现新型农民的职业需求和精神风貌,激发农民参与的积极性。伴随着农村公共文化服务结构转型的稳步推进,对农电视媒体作为农村公共文化服务的主要供给者,也需要在平台化转型过程中转变内容生产与传播思路,以"乡村文化振兴"为核心,更好地满足农村居民的公共文化服务需求。

第二节　农村电视公共服务的困境突围

农村电视公共服务在传输覆盖、内容供给与财政保障三个方面的问题归根结底还是我国广播电视事业体制的问题。广播电视的事业性质决定了广播电视媒体必须坚持以社会效益为主、经济效益为辅的价值取向,但我国现行的广播电视体制在保障广播电视政治属性和经济属性的同时,其社会属性和公共属性日益式微。对农电视作为电视媒体中的特殊类别,它的社会属性与公共属性最为明显,所受的影响也最为强烈。对农电视的平台化转型就是为了扭转这种被动局面,通过重塑农民主体地位、突破单一收入模式、深化电视融合转型,实现农村电视公共服务职能的回归。

一　重塑农民主体地位

"三农"问题是关系我国国计民生的根本问题，也是中国革命、建设、改革各个历史时期的一条重要线索。建党百年以来，中国共产党始终重视解决"三农"问题，不断调整"三农"政策。我国农村经济社会发展所取得的辉煌成就、积累的宝贵经验，正是我党初心使命最生动的诠释。但是，由于城乡不对等的二元经济社会结构没有得到根本改变，对农村的公共投入并不充分，带来城乡发展不平衡的问题。

进入 21 世纪，随着中国经济社会快速发展，"三农"领域面临的问题与困难不断变化，党和政府解决"三农"问题的关注点与焦点也应时而变，围绕"三农"政策进行一系列重大调整。党的十六大确定了全面建设小康社会的奋斗目标，其重要任务是建设现代农业、繁荣农村经济、增加农民收入。2003 年全国农村工作会议正式提出将"三农"问题作为全党工作的"重中之重"。党的十七大进一步强调农村经济社会发展在构建社会主义和谐社会中的地位。2008 年党的十七届三中全会提出把建设社会主义新农村作为战略任务，坚持走中国特色农业现代化道路，加快形成城乡经济社会发展一体化新格局，充分调动广大农民的积极性、主动性、创造性，推动农村经济社会又好又快发展。2015 年，中共中央政治局审议通过了《关于打赢脱贫攻坚战的决定》，习近平强调消除贫困、改善民生、逐步实现共同富裕，是社会主义的本质要求，是中国共产党的重要使命。2019 年，国务院总理李克强在《2019 年国务院政府工作报告》中提出，要打好"精准脱贫攻坚战"。他在《2020 年国务院政府工作报告》中再次提出，2020 年要坚决打赢脱贫攻坚战，努力实现全面建成小康社会。2021 年，中央一号文件正式出炉，主题是"全面推进乡村振兴　加快农业农村现代化"，习近平庄严宣告：我国脱贫攻坚战取得了全面胜利。这一系列举措将过去"抑乡保城""以农补工"倾向转变为"工业反哺农业、城市支持农村"，有利于打破城乡二元对立，推进城乡一体化协调发展，预示着我国三农问题的解决真正步入科学轨道。

在加快社会主义新农村建设的背景下，得益于"村村通"和"西新工程"的持续推进，我国农村和偏远地区的广播电视基础设施建设取得明显进展，基本满足了人民群众能听到看到广播电视节目的基本需求。党的十七大报告明确提出建立"覆盖全社会的公共文化服务体系"的目标，并对新的历史条件下文化大发展、大繁荣提出了新的要求。习近平总书记在全国宣传思想工作会议上强调，推动公共文化服务标准化、均等化，坚持政府主导、社会参与、重心下移、共建共享，完善公共文化服务体系，提高基本公共文化服务的覆盖面和适用性。习近平总书记的这一重要指示，深刻阐释了新形势下公共文化服务体系建设的方针原则、目标任务，充分反映了人民群众对美好生活的新期待，为广播电视公共服务体系建设指明了前进方向、提供了根本遵循。

2020年，国家广电总局印发《关于加强广播电视公共服务体系建设的指导意见》，指出党的十八大以来，我国广播电视公共服务取得了显著成就，实现由"村村通"向"户户通"的跨越，基本解决了全国人民听到广播看到电视的问题。中国特色社会主义进入新时代，广播电视公共服务的主要矛盾已经转化为人民听好看好用好广播电视的需要和不平衡不充分的发展之间的矛盾，突出表现为标准化和均等化建设有待加强，覆盖面和适用性亟须提高，不能完全满足人民高质量公共服务需要，不能完全适应信息技术革命发展实践。该指导意见擘画了我国广播电视公共服务2025年的发展规划，即"全面建立系统完善、层次分明、衔接配套、科学适用的基本公共服务标准体系，总体实现基本公共服务均等化，基本建成全国应急广播体系；智慧广电得到普遍应用，公共服务数字化、高清化、网络化、智能化、移动化水平大幅提高，实现由'户户通'向'人人通'、由'看电视'向'用电视'的新跨越"。

电视媒体具有声画合一、现场感强的传播优势，看电视仍是当前农村最主要的文化娱乐方式。农村电视公共服务作为农村公共文化服务的重要组成部分，对加强农村政治建设、推动农村经济发展、促进农村文化繁荣与社会进步具有重大意义，但这些意义能够有效凸显的前提是

"农民主体地位"被充分重视。但事实上，在农村电视公共服务中，农民主体地位长期处于"虚位""错位"与"弱位"的状态：城乡二元对立的公共产品投入体制，导致我国农村电视公共服务建设远落后于城市，针对农村的电视内容服务供给严重不足，大多数农村地区的农民仍处于电视公共服务的边缘化地带，"农民主体地位"对于他们而言形同虚设；自负盈亏带来的创收压力，迫使对农频道与对农节目日渐偏离农民这一主体受众，倾向城市化、泛娱乐化，与农民的实际信息需求严重"错位"，"电视进了村，节目不姓农"，对农电视的公益性和服务效果大打折扣；城乡二元体制结构形成的"数字鸿沟"正在不断加大，农民群体的信息弱势与知识贫困导致农民主体地位的"弱位"状态。

农村电视公共服务中农民主体地位缺失，究其根本还是因为农村市场回报率相对较低。相较于具有高消费能力的城市群体，农民群体的消费能力不足为道。所以，以消费者为诉求对象的电视媒体更加青睐城市群体，从而忽略了农民群体。事实上，城市市场的发展已日渐成熟，而刚刚起步的农村市场却蕴含了更大的机遇与潜力。对农电视公共服务的内容并不是狭隘地局限在农业科技、市场咨询等方面，还应该把内涵扩充到与农民相关的方方面面，包括农事生产、政策信息、市场动态、情感生活、民生维权等部分。农村电视公共服务"除了做节目，还可以办活动、搞经营、做市场，通过扩大外延，谋求服务广度和深度的拓展"①。对农电视的平台化转型其实就是一个充分挖掘农村市场潜力、不断优化农村公共服务的过程。党的十九届五中全会提出，推动形成工农互促、城乡互补、协调发展、共同繁荣的新型工农城乡关系，加快实现农业农村现代化。这一政策的出台意味着要抓住现代信息技术革命的契机，搞好农村新型基础设施建设，弥合城乡数字鸿沟，让农业、农村、农民共享数字经济发展红利。

对农电视媒体通过强大的品牌公信力建立起以农村市场为基础的服务三农新媒体平台，集聚农域市场各方资源，吸引农民群体和市民群体

---

① 石长顺、石婧：《中国广播电视公共服务》，光明日报出版社 2013 年版，第 134 页。

的加入。在服务三农新媒体平台中，无论是在信息的生产传播方面还是在产品与服务的供求方面，二者均享有平等的地位。过去农村广播电视公共服务中信息不对称、信息回路不通的问题能够得到基本解决。在服务三农的新媒体平台的实际运行中，平台规则对作为基础群体的农民给予更多便利，保证基础群体的利益，充分调动农民的参与度。农民作为服务三农的新媒体平台运行的基础要素，其诉求被充分重视，农民主体地位得以重塑，农村电视公共服务的公民诉求逐渐回归。

二 突破单一收入模式

广播电视具有二重属性，即"事业单位企业化经营"。随着市场经济的蓬勃发展，广播电视的产业属性日渐凸显，经历了从财政"全额拨款""差额拨款"到"自收自支""自负盈亏"，广告成为广播电视媒体主要的甚至是唯一的收入来源。收视率指标被视为衡量广告投放多寡的重要依据，广播电视媒体的公共性、公益性、社会责任受到挑战和消解。收视率指标异化为万恶之源、"娱乐至死"成为对商业利润至上无限妥协的时代警钟。根据马克思主义政治经济学的商品交换价值和使用价值理论，美国大众文化研究学者约翰·菲斯克提出电视的"两种经济"理论，即"金融经济"和"文化经济"理论。他认为，"金融经济注重的是电视的交换价值，流通的是金钱；文化经济注重的电视的使用价值，流通的是意义、快感和社会认同"。① 当代中国电视的"泛娱乐化"倾向，体现出对电视交换价值和金钱流通的无限推崇，放弃了电视的使用价值、意义的流通和社会的认可，文化的电视让位给了金融的电视。在商业化、市场化的语境下，广播电视媒体出现了一些媚俗、低俗、庸俗的现象。为追求更"多金"的广告植入、更"有趣"的心灵鸡汤、更"泛众"的用户关注，电视媒体不可避免地披上"娱乐知识化与知识娱乐化"的外衣，削弱了主流媒体的价值引领作用。

电视公共服务节目的内容供给方面出现了结构失衡，即"服务类节

---

① 陆道夫：《析约翰·菲斯克的两种经济电视理论》，《河南社会科学》2004 年第 3 期。

目和娱乐类节目失衡；节目服务对象失衡，重城市轻农村、重消费能力强的人轻消费能力弱的人等；节目制作和播出的结构失衡，影视剧播出比重过大，挤占大量其他类型的电视节目不能播出"①。中国广播电视之所以出现结构失衡，是因为广播电视媒体过分依赖广告作为收入来源，过分地关注经济效益而忽略了社会效益。传统电视的收入模式建立在"二次售卖"理论基础之上。"二次售卖"是指媒体先把媒介产品卖给终端消费者，然后再将消费者的时间（或注意力）卖给广告主的过程。受众注意力作为一种稀缺资源，内容和渠道优势是注意力经济实现的前提。然而，对于对农电视媒体来说，其掣肘在于：一是覆盖范围有限，观众规模难以做大；二是节目资源局限，制约了内容的多样性；三是服务"三农"的定位，对农电视频道主动放弃广告商更为看重的城市消费群体等。因此，对农电视媒体单纯依赖抢夺观众、广告、节目资源的范围竞争必然遭遇天花板，难以获得可持续发展动力。近年来，在我国电视媒体日益商业化和泛娱乐化的浪潮中，对农电视媒体的消费者诉求愈加突出，娱乐化、城市化倾向愈加明显，真正服务"三农"的电视节目寥寥无几，原本紧缺的对农电视频道走向了综合化。在单一广告收入模式的压迫下，农村电视公共服务的"公共性"不断弱化、社会文化功能也在逐渐消解。

传统电视的收入模式往往单纯依靠优质的节目内容吸引用户和广告商，从而赚取冠名广告和贴片广告费用。优质内容的创收能力仅局限于小部分广告商手中，其价值没有得到充分利用。对农电视媒体的平台化转型突破了单一的广告收入模式，依托地域特色产业，搭建农业产业服务模块，在提供整合服务上获得新的创收能力。

以湖北垄上频道为代表的对农电视媒体，依托自身品牌公信力进行平台化转型，充分发挥节目内容的价值与影响力，引入市场观念和营销观念进行产业运作。垄上频道的平台化转型突破了单一的广告盈利模式，依托地域特色产业，搭建农业产业服务平台，在提供整合服务上获得盈

---

① 肖叶飞：《广播电视规制研究》，安徽师范大学出版社 2013 年版，第 235 页。

利能力。垄上频道扎根江汉平原的农村市场，瞄准媒体服务三农的一片蓝海。随着农村城镇化建设的加快、现代农业的爆发性增长，信息不对称、商业流通渠道封闭等长期阻碍农村发展的问题，都将造就垄上频道新的契机。在具体实践中，垄上频道通过丰富的节目内容，集成三农产业的上下游资源与农业边际资源，继而通过编织线上线下联动交互的关系网络，沉淀核心用户数据、把握农域市场供需诉求，最后通过一体化对农服务实现供需的精准对接和平台价值转化。由此衍生出三种与之对应的收入模式：一是以内容模块为纽带的广告收入模式，即以优质内容获取直接利益的传统盈利模式；二是以关系模块为核心的社群经济模式，即通过社群运营，把握用户痛点和消费心理变化，将线上线下粉丝变现成重要的生产力，使社群内资源得到高效配置，如会员制营销、TV 团购等；三是以服务模块为导向的商业增值模式，即延伸内容模块和关系模块的价值，提供多元服务获取利润，具体包括农业电商、招聘中介、大数据服务等。

三 深化电视融合转型

当下，融合转型是广播电视发展的主流趋势，广播电视公共服务的主要矛盾已经转化为人们听好看好用好广播电视的需要和不平衡不充分的发展之间的矛盾。广播电视转型升级的重点是运用互联网思维，树立用户服务意识，自建或对接新媒体平台，提供增值服务，完善新时代广播电视公共服务体系，提升广播电视公共服务的质量与效率。长期以来，广播电视在文化传承、价值引领和社会治理等方面扮演着重要角色。新时代，广播电视将在智慧广电和数字乡村框架下，通过技术、平台、渠道、终端和媒体资源整合，加快内容生产转型升级。加强公共服务的标准化、均等化建设，提高覆盖面和适用性，推动广播电视公共服务由"户户通"向"人人通""移动通"提升，努力满足人民群众数字化、高清化、移动化、社交化的视听和综合服务需要。

要深化电视融合转型，需要对移动互联网时代电视媒体的属性进行再认识。电视仅仅是播放视频的盒子吗？除此之外它还有哪些可以融合创新的思路和举措？2013年，工信部正式颁发三张（电信、移动和联通）4G运营牌照，标志着4G时代的到来。4G技术带来了移动互联网，实现了从线下到线上、从桌面端到移动端的转移，重塑了人们随时随地分享的媒介使用习惯。流量，即用户注意力和时间分配的转移，成为移动互联网时代的"石油"和"货币"。移动应用（App，即Application）成为移动互联网流量的主要导流入口和承载业态，通过对流量和用户的匹配，实现核心资源的优化配置。随着世界范围内互联网用户增速放缓，互联网上半场以"跑马圈地"为特征的规模经济模式下的流量（用户）之争渐趋尾声，互联网下半场竞争悄然拉开帷幕，这意味着互联网竞争将从增量竞争向存量竞争转变，也就是说，用集成经济和范围经济模式来实现转型发展，对已经获取的增量优势展开垂直细分领域的精耕细作、存量转化。

2019年工信部正式颁发4张5G牌照，标志着我国正式步入5G商用元年。广电系首次获得与电信、移动、联通等老牌通信运营商同场竞技的机会。5G网络具有大带宽、低时延、高稳定性等特点，将为传统广电媒体赋能，一个大容量、大内容、大联动的大视频时代即将到来。常态化的视听直播，更加沉浸式、场景式的娱乐体验将成为可能，社会的媒介化趋势凸显，无限的新兴场景消费将实现用户重连，推动千行百业的媒介化重构。5G时代移动互联网的发展逻辑已从流量竞争向场景争夺过渡，万物皆媒的应用场景和用户数据成为新的核心资源。彭兰教授在《场景：移动媒体时代媒体的新要素》一文中指出："移动互联网包含内容、社交、服务等三大领域，移动互联网的发展将使得内容、社交、服务三种平台的交融更加深层，而未来的移动媒体也将在内容媒体、关系媒体与服务媒体三个方向上实现拓展与飞跃。"[①] 这一论断为传统电视的融合转型指明了方向，那就是传统电视要实现移动互联网生存，必须转型为移动媒体，并且不能固守为一个内容媒体，需要在内容媒体、关系

---

① 彭兰：《场景：移动媒体时代媒体的新要素》，《新闻记者》2015年第3期。

媒体和服务媒体三个方向进行三位一体的"平台化"转型，从而实现移动传播的终极目标，即"基于场景的服务——对场景的感知及信息（服务）适配"。① 由此，广播电视公共服务被赋予移动传播的新语境，供需服务适配、共创共享共联、沉浸式体验等理念和技术将不断提升广播电视公共服务的质量，形成"全程、全息、全员、全效、全智"的广播电视公共服务生态。

提升广播电视的公共服务能力，其重点在基层，要实现重心下移、资源下移、服务下移。广播电视公共服务的转型升级，要以用户为中心，丰富公共文化产品和综合服务的供给主体、品类和品质，提升用户的媒介使用体验。多屏互动、移动互联、垂直细分、个性化推送、场景化供需对接等构成了多元、适配的收听收视图景。2020年新冠肺炎疫情是一次特别重大的突发公共卫生事件，国家启动了一级应急响应。在武汉"解封"之后，中央广播电视总台"央视新闻"联合电商平台、生活服务平台与社交平台等新媒体矩阵，开启线上大型公益直播活动，在线销售湖北农副产品，助力湖北经济复苏。这是中央广播电视总台依托品牌公信力集聚社会资源、实现重心下移、服务地方社会的成功实践。另外，重心下移意味着改变传统广播电视的传播语态。在网络时代，传者与受者之间的界限消失，人人都是传播主体，新兴的"产消者"（prosumer）经由媒体赋权，实现了传受关系中的权力反转。以传者为中心的线性传播模式被互联网"去中心化"的节点传播模式取代。网络用户不仅有信息获取的需求，还有潜在的情感交流、自娱自乐的需求，广播电视的传播语态不能无视网络语言的年轻化、平民化、个性化和蓬勃的生命力，积极向网络语言靠拢，用互动式的传播语态引发更多网络用户的情感共鸣，增强用户黏性。

创新广播电视公共服务的内容和形式要坚持移动优先原则。2019年1月25日，中共中央政治局举行第十二次集体学习，习近平总书记强调，"全媒体不断发展，出现了全程媒体、全息媒体、全员媒体、全效媒体，

---

① 彭兰：《场景：移动媒体时代媒体的新要素》，《新闻记者》2015年第3期。

信息无处不在、无所不及、无人不用，导致舆论生态、媒体格局、传播方式发生深刻变化，新闻舆论工作面临新的挑战"①。因此，要推动媒体融合向纵深发展，一方面，要重视移动传播、社交化表达。摒弃传统电视"大而全"的生产策略，专攻以小屏、竖屏拍摄的"小而美"的短视频作品，易于上传、分享和传播。一方面，要满足人们在医疗、教育、出行、消费等方面的切实需要。5G技术将推动广电通信、有线无线、大屏小屏协同发展，助力广播电视公共服务的转型升级。随着移动互联网的广泛使用，人们的媒介使用习惯已被重塑，传统广播电视被动接收的"客厅文化"将被万物互联、万物皆媒的"泛在文化"取代。"泛在文化"实现的基础在于"泛在网络"的搭建，它可以保障任何时间、任何地点、任何人、任何物顺畅地通信，它将带动信息产业的整体发展，有望促成移动网络向智慧网络的跃升。深化广播电视融合转型，需要加强沉浸式的移动场景应用开发，提升聚合资源、响应需求、实现价值的服务网络和终端服务水平，让人们能真正听好、看好、用好广播电视。

对于起步较晚、发展缓慢的对农电视媒体而言，融合转型是加快自身发展的巨大机遇。同时，对农电视媒体的融合转型与农村电视公共服务相辅相成，农村电视媒体实现与新兴媒体内容、渠道、终端与技术等各方面的深度融合，将有效促进农村电视媒体更好地履行公共服务职能，激活农村的资源要素，以信息流带动资金流、技术流、人才流进入乡村，推动乡村经济的发展与繁荣，促进农村信息化建设，更好地服务农村居民，推动现代农业发展，实现乡村振兴。传统电视媒体的融合转型应当深刻认识"互联网+"的内涵要求，充分发挥品牌优势与内容资源优势，做好"两个转型"："一是推进传统业务向跨领域业务转型；二是推进传统信息传播向深层次信息服务转型。"② 将过去秉持的"内容为王"转变为"信息服务为王"，并探索新形态的营收模式。

---

① 习近平：《加快推动媒体融合发展 构建全媒体传播格局》，《求是》2019年第6期。

② 王晓：《"互联网+"时代传统电视媒体的融合转型》，《中国广播电视学刊》2015年第6期。

当前传统电视的融合转型，面临着"边缘化"和"失去入口"的危机。传统媒体要利用本土化优势和媒体品牌公信力、影响力，自建或对接入口级平台的流量资源，成为连接各类社会资源供需关系、实现价值变现的连接中介。在新媒体环境下，平台化之路的关键是开放、聚合、社交和跨界。"平台化"为传统电视媒体融合转型提供了一种全新而有效的思路。电视媒体的平台化转型，把传统意义上的电视频道转化为以媒体为核心、具备资源聚集能力和业务吸附效应的产业集聚平台，改变传统电视垂直的业务体系、单向线性的运作流程和封闭的价值循环，成为与外界资源双向信息流动和价值循环的有机体，获取竞争优势并弥补自身不足。

第三节　农村电视公共服务的功能拓展

大众传媒具有信息传递、环境监测、社会教化和提供娱乐四大功能。大众传媒的信息传播功能本身与人类社会的公共生存利益密切相关，其公共服务功能也由此延伸开来，即在加强政治建设、推动经济发展、促进文化繁荣与社会进步等方面发挥重要作用。当前，电视依然是我国广大农村地区覆盖面最广、影响力最大的大众媒体，依托电视及其视听新媒体可以有效提升农村电视公共服务的质量与效率。

随着国家信息化进程的迅猛推进，媒介环境发生了巨大变化。传统媒体在失去内容优势与渠道优势的同时，其目标受众的媒介需求也在发生悄然变化。对农电视频道与对农电视节目的目标受众——农民群体，其内涵与外延也在迅速变化。长久以来，农民都是一个身份标签而非一种职业称谓，"面朝黄土背朝天"是外界对农民的刻板印象。随着城镇化进程的不断推进，出现了一些有文化、懂技术、会经营的"新型农民"：在农村从事规模农业经营的人、在村镇兴办企业的人、从事农产品销售经营的经纪人、到城市打工经商的人……他们正逐渐壮大为乡村振兴的生力军。长期以来，我国农村电视公共服务偏重公益属性、意识形态属性和文化属性，忽略了其经济属性。在信息传播过程中采取教育式的"俯视传播"，将农民视为"被教育""被改造"的对象。然而，当前"新型农民"具备"与市场经济相契合的生产方式、公民性主体价值定位和义利统一的价值目标、开放思维与发展型经营理念、异质性和开放性交往方式、组织化的权利主体"等新的特质。①

在此背景下，过去笼统地以"传统农民"作为目标受众的电视公共服务早已不适宜当前"新型农民"的诉求。对农电视媒体的公共服务应与时俱进，积极吸纳"新型农民"的实际需求，拓展新的公共服务功能。对农电视媒体的平台化转型将"传统农民""新型农民""涉足农业的城市人"等群体纷纷纳入服务三农的新媒体平台体系中，充分调动市场机制满足用户的多元化需求，拓展电视媒体的公共服务功能。

一　加强资源整合

传媒经济运营的本质是各生产要素的整合连接。喻国明教授将其划分为"追求规模经济效应、致力范围经济效应和传媒集成经济模式"三个发展阶段。② 通过对前两个阶段的经济学实证研究和现实发展表明，仅靠简单的规模经济扩张和范围经济扩张模式终究会带来产能下降、收益递减。喻国明教授指出，"媒介的本来意义在于它不仅是内容汇聚的平台，也应该成为便利各种社会资源和商业资源组合、链接的平台"③。由此，传媒集成经济模式不仅能够突破规模不经济、范围不经济的瓶颈，而且以媒体平台为中心，将多种生产要素中的商品流、货币流、信息流、资金流等整合起来，提高关联企业资源的使用效率和响应多元市场需求的适配能力，创造更多的产业价值。

媒介融合时代，不同介质之间的整合可以实现资源的优势互补，发

---

① 牛余凤：《传统农民与新型农民的特质分析》，《现代农业科技》2013年第7期。
② 喻国明：《中国传媒业2010年行动路线图》，《青年记者》2009年第34期。
③ 喻国明：《传媒新视界——中国传媒发展前沿探索》，新华出版社2011年版，第24页。

挥 1+1>2 的集成优势。农村广播电视公共服务的传统模式表现为对农村社会提供上通下达的信息服务。传媒环境的变迁与传播技术的发展促使传媒对政治、经济、文化等资源的整合能力日益增强。一般来说，传媒的资源整合能力建立在三个基本素质之上：一是高度的社会认同；二是有效的受众规模；三是丰富的产业集群。对农电视媒体长年深耕"三农"领域，在庞大的农民群体中形成了高度的社会认同，集聚了强大的品牌公信力与权威性，但由于缺乏产业集群的吸附力，其资源整合规模、范围和能力受到种种限制。

当下，农村广播电视公共服务模式正在悄然发生变化，电视媒体主动融合新媒体，探索对农村产业扶持的新模式。电视媒体通过平台化转型，利用互联网优势有效加强电视媒体的资源整合能力。"媒体平台是一种集成传媒产业链中各个模块的中间性组织，它通过权威机制和价格机制来协调内部生产、组织产业分工和开展多边市场交易。"① 电视媒体的平台化转型将农民群体、涉足农业的城市人、涉农企业等角色纷纷纳入一个平等的多边交易平台中，弯曲原本垂直单向的价值链条，大大简化了中间环节，将产业链首尾两端的供需双方直接连接起来，极大地节约了中间环节的生产成本和组织成本，实现了供需双方的利益最大化，使电视媒体的产业集聚能力得到极大提升。同时，电视媒体的平台化转型，将过去被忽略的、与农村有联系的城市人群转化为对农电视媒体的有效用户，在扩大电视媒体受众规模的同时，吸引他们深度参与农村产业运作，进一步完善了农域市场的供需体系。

传媒集成经济依托媒体平台进行跨主体、跨地域、跨行业的跨界整合，引导传媒产业链深度参与其他产业链的要素整合和资源重构，对接虚拟经济（大数据挖掘、信息服务、游戏娱乐等）、实体经济和金融经济，提高各生产要素的转化效率和增值能力。如何围绕社会需要、市场需要和受众需要提供精准适配的个性化服务，进而集聚资源、响应需求、

---

① 谭天：《媒介平台论——新兴媒体的组织形态研究》，中国人民大学出版社 2016 年版，第 45 页。

创造价值，这将是传媒产业未来发展核心发力点。

二 沉淀用户数据

大数据时代，传媒业的可持续发展离不开用户数据的沉淀和基于数据驱动的产业增值。大数据具有海量（Volume）、多样化（Variety）、快速（Velocity）和灵活（Vitality）等特点，通过对人们遗留在互联网上的网络使用痕迹进行专业化处理，有利于提升网民信息反馈的速度和价值，拓展用户分析的广度与深度。用户数据包括用户属性数据和用户行为数据两大类，其中用户属性数据在于描绘"用户是谁？"，呈现用户的基本信息和特征；用户行为数据在于描绘"用户做过什么？"，呈现用户在媒介产品中的行动轨迹，体现用户与媒介产品的互动模式。电视重要的原始数据来源于观众，如何将散落的观众变为数据化的可控粉丝？大数据技术可以帮助媒体量化用户行为，为用户精准画像，进而实现传播的针对性和个性化。

随着媒介环境变迁与传媒竞争加剧，电视媒体的传播观念逐渐由"传者中心论"过渡到"受者中心论"，牢牢把握受众的兴趣与诉求成为传统电视媒体生存发展的关键，对农电视媒体的传播模式也由单向线性式的"对农宣传"转变为双向互动式的"对农传播"。罗杰斯将大众传播的过程分成两个方面："一是作为信息传递过程的'信息流'，二是作为效果或影响产生和波及过程的'影响流'"[1]，前者对应受众对信息的接收与关注过程，后者对应受众对信息的反馈过程。就对农电视媒体而言，其节目制作流程复杂，互动反馈渠道有限，信息的到达与反馈速度比较滞后，经过一系列中间环节后，回流到节目制作方的有效反馈信息十分有限，很难形成对后续节目制作的参考性意见。也就是说，对农电视媒体与农民受众之间的信息回路不通畅，缺乏有效的互动机制。

媒介融合时代，媒介已不仅仅是传播信息内容的载体和渠道，而是一个集大数据信息资源收集、智能传播和用户沉淀于一体的媒体平台。

---

[1] 郭庆光：《传播学教程》，中国人民大学出版社 2011 年版，第 180 页。

对农电视媒体的平台化转型将电视媒体与社交媒体等新媒体矩阵深度融合，实现线上线下的联动，形成有效的互动反馈机制。在打通信息回路的同时，不断加强农民群体对于对农电视媒体的黏性，将农民群体从受众转化为用户，并在良性互动中形成准确的用户数据，实现意义消费。媒体平台作为一个关系转换器，首先依托传统媒体强大的内容品牌公信力和影响力吸引观众；然后经过线上线下新媒体矩阵、品牌推广等关系平台打捞并增强用户黏性，进而变为节目的粉丝和可为节目创收的用户；最后在"弱关系"向"强关系"的转变过程中，通过提供能满足各种个性化需求的服务平台，实现优质内容的价值变现。垄上频道通过线上线下的用户沉淀，获得大量"三农"领域的核心数据，提高目标用户的需求响应速度，减少农业产业链上非增值环节的资源占比和资金消耗，提高精准服务水平。由此，沉淀用户数据一方面能反哺电视节目的内容制作，另一方面也为农村电视公共服务提供明确的指向性。

三　提供多元服务

"互联网+"时代，"电视媒体面对的不只是受众而是用户，不仅要做新闻还要做产品，不仅要做内容还要做服务"。① 电视媒体除了可读、可看、可听，还要提供更多服务响应用户可用、可玩等多元化需求。传统媒体向新型媒体的跨越并非简单的传统业务的拓展，而应该在融合和跨界中探索多元化、集成化的传媒新业态，实现价值增值。

垄上传媒集团频道运营中心前主任陈接峰提到："一流媒体是善于创造需求的媒体，二流媒体是善于引导需求的媒体，三流媒体是迎合需求的媒体。"② 这意味着媒体成功的产业经营需要挖掘、引导甚至创造更多的用户需求，开发与节目适配的平台应用，打捞并沉淀用户群，积极响应多元化用户需求，打造"全业态"的产业链，实现多元价值变现。

---

① 谭天：《媒介平台：传统广电转型之道》，《新闻记者》2013 年第 12 期。
② 谭天、邱慧敏：《如何把节目打造成平台——兼论电视媒体融合发展中的价值创新》，《中国电视》2015 年第 1 期。

随着城乡一体化进程的快速推进，"新型农民"群体不断壮大。这些有文化、懂技术、会经营的农民亚群体除了有信息需求、娱乐需求、社会关系需求、精神心理需求等基本需求以外，更迫切希望获取经济层面的多元化服务。谭天教授从经济学角度对传媒产品进行解构，提出了"意义经济"学说，他认为"传媒产品既是一种信息产品（对应人们的接收行为），又是一种意义产品（对应人们的消费行为）。媒体平台是意义经济的一部分，它经营意义产品，在意义经济长产业链中扮演着一个综合服务提供商的角色，为传媒经济的运行提供意义服务"。① 对农电视媒体的平台化转型拓展了对农电视的新功能——提供服务。"平台化"使对农电视媒体不局限于提供精准的信息服务，更重要的是构筑一个整合农业产业链各环节资源的平台，沉淀用户数据，完成产业链上中下游需求与服务的精准对接与平台价值转化，实现社会效益和经济效益的双赢。

---

① 谭天：《传媒经济的本质是意义经济》，《国际新闻界》2010 年第 7 期。

第三章　农村公共服务中电视媒体
的平台化转型路径

　　传统媒体的平台化转型路径有两种：自建媒体平台或者对接互联网平台。传统媒体选择哪条平台化转型路径主要取决于其内容质量和综合实力。湖北垄上频道发轫于 2002 年湖北荆州电视台开办的一档农业服务栏目《垄上行》，始终贯彻"全心全意为乡亲服务"的基本宗旨，创新对农栏目服务模式，至今已深耕农村、聚焦农民二十载，先后荣获"新中国 60 年 60 个有影响的广播电视栏目""中国十大最具原创精神电视栏目""中国广播影视大奖"等多个荣誉，在江汉平原的广大农村形成了强大的影响力。《垄上行》栏目品牌成为全国媒体创新服务三农形式的探索者和领军者，同时也为垄上频道的转型发展积攒了力量、拓宽了道路。在新兴媒体凭借强大的用户基础和技术力量席卷传媒领域之际，湖北垄上传媒借助在全国新闻界独树一帜的"频道+渠道""事业+产业"的体制机制，依托在"三农"领域累积的内容影响力和品牌号召力尝试开拓一条平台化转型之路。

　　喻国明教授指出，媒介应该成为便利链接、组合各种社会资源和商业资源的平台。[①] 目前，垄上传媒已经初步形成以对农电视频道为基础、多元产业并存的服务三农的新媒体平台。在国家新闻出版广电总局《中国广播影视》杂志社主办的"TV 地标（2018）中国电视媒体综合实力大型

---

　　① 喻国明：《传媒新视界——中国传媒发展前沿探索》，新华出版社 2011 年版，第 24页。

调研成果"发布会上，垄上频道荣获"年度最具综合实力省级地面频道"的称号。作为全国媒体服务三农的一面旗帜，垄上传媒的平台化转型路径极具示范推广价值。笔者以垄上传媒作为样本，探讨农村公共服务中电视媒体的平台化转型路径。简言之，垄上传媒的平台化转型可以分为三个步骤：第一步，从"垄上栏目"到"垄上频道"；第二步，从"频道经营"到"产业运营"；第三步，从"对农媒体"到"服务三农新媒体平台"。

第一节　转型第一步：从"垄上栏目"到"垄上频道"

互联网应用平台的实践表明——技术、内容、服务是构建大型用户平台的重要引擎。电视媒体虽然具有新闻信息生产的优势，但是技术上的"天然缺陷"，使得内容优势成为转型发展的主要突破口。电视媒体的平台化转型必须立足"内容为王"，再借势互联网高效的资源聚集、需求响应多屏联动，从而形成建立用户深度连接和多元服务链的媒体平台。垄上传媒平台化转型的第一步就是做好内容集成，以《垄上行》栏目为核心打造品牌栏目集群，实现频道专业化，凭借更具连接性的媒体平台来强化和延展品牌影响力。

一　打造王牌对农栏目　强化品牌公信力

2002 年 4 月 26 日，荆州电视台推出了一档 20 分钟的周播对农电视栏目《垄上行》，开始在"三农"领域长达二十年的"深耕细作"。《垄上行》栏目自开播以来，就紧紧围绕"服务三农"的栏目定位，将农民生活、农业产业与农村实际作为栏目制作的主线，把贴近农民落实到栏目制作的每个细节，充分满足广大农民受众的信息和服务需求。《垄上行》节目打破常规，将演播厅设在田间地头，将镜头从专家转向农民百姓，让主持人以亲切质朴的形象零距离贴近农民，让记者深入农村、服务到农户、与农民同吃同住，切实感受农民问题、报道农民问题、解决农民问题，一改对农电视节目的刻板印象，深受农民的喜爱与支持。

《垄上行》栏目开播初期设立"王凯热线""庄稼医院""十里八乡"等子栏目，不仅为农民提供即时的农业信息，还以农业专家服务团的形式，免费为农民提供种植、养殖、农产品加工等门类齐全的农技服务，从而快速打入到农民群体内部，俘获了一批忠实受众。经过一段时间的发展，《垄上行》栏目基本形成了特色鲜明、分工明确的子栏目体系：解答观众问题的《王凯热线》，为农民维权的《垄上110》，给农民送礼的《彭孟有礼》，解读"三农"政策的《垄上消息树》，服务农事的《燕子看农事》，家门口的《农技会》，让农民自己说话的《垄上土记者》，以及探寻"三农"工作经验的《走四方》等。《垄上行》栏目播出频率由原先的周播改为日播，播出时长也由20分钟拓展到40分钟。在栏目内容与形式逐渐完善的同时，《垄上行》栏目举办的大型电视公益直播活动"春天垄上行"与"金秋垄上行"先后唱响江汉平原，邀约农民在春天一起培育希望、在秋天共同分享收获。《垄上行》栏目将农业科技、农用物资、通信服务、医疗卫生、扶弱助困等系列惠农服务送到了广大农民群众身边。随着《垄上行》栏目活动规模不断扩大，现场观众最多甚至达到10万人，这种与农民的近距离沟通交流，为节目积累了宝贵的亲和力、影响力与公信力。

截至2007年，《垄上行》栏目先后荣获"中国原创电视栏目20佳""中国广播影视大奖广播电视栏目大奖""中国十大最具原创精神电视栏目"等多项殊荣，成为电视媒体中对农服务的知名品牌，同年2月成为全国第一个对农电视节目的注册商标。2008年4月，湖北省启动《垄上行》栏目品牌战略，在全省范围内打造统一连锁品牌。14个市州电视台依托本土特色，相继开办了自己的《垄上行》栏目，"垄上行"品牌价值得到不断延伸。

二 建立品牌栏目集群 实现频道专业化

七年磨一剑，《垄上行》栏目坚守"服务三农"的栏目定位，将

"垄上经验"与"垄上品牌"深植江汉平原，其影响力与美誉度在全省和电视媒体中节节攀升。2009 年，经国家广电总局批准，《垄上行》栏目突破单一栏目的空间壁垒，升级成为全国第一家地市级专业对农电视频道——荆州电视台垄上频道，开始整合资源全方位、全天候地服务三农。实现频道专业化之后，《垄上行》栏目扩版到 60 分钟，"从大农业、小民生走向新农村、大民生，努力打造一个多领域、宽覆盖、综合性的服务三农电视杂志"①。垄上频道则秉持"全心全意为乡亲服务"的宗旨，围绕《垄上行》栏目积极打造品牌栏目集群，深度挖掘品牌价值，不断创新农村电视公共服务的内容与形式。垄上频道的栏目集群覆盖农事信息、科技资讯、市场动态、买卖信息、乡村维权、情感故事等多元对农信息内容，新增包括方言新闻《有么子说么子》、引导农民发家致富的《致富加油站》、专注农村电视公益的《温暖到农家》、指导农事气象的《垄上气象站》、讲述草根故事的《垄上故事会》、帮助大家征婚交友的《唐婆说媒》等特色对农电视栏目。此外，垄上频道还打响了垄上行手机报、垄上行新公社、垄上行科技大讲堂等多个服务三农的"垄上品牌"。

受益于品牌集群效应，荆州电视台垄上频道在短短两年内发展成为本土最具影响力的主流媒体之一，"在江汉平原农村的收视率高达 15%，平均份额超过 13%，自 2009 年到 2011 年总收入分别达到 3160 万元、3880 万元、4500 万元"②，并在"2010 年中国传媒投资年会"上，荣获"第七届中国最具投资潜力媒体"称号。以《垄上行》栏目为中心的垄上频道积聚的影响力开始发挥多方效应。2012 年 5 月，湖北广播电视台与荆州市政府签署协议，在整合荆州电视台垄上频道与原湖北电视台垄上频道资源的基础上，共同组建湖北长江垄上传媒集团，并成立新的垄上频道。自此，垄上频道升级为省级专业对农电视频道，省级电视台的

---

① 丁勤、田甜：《垄上行：服务成就价值》，《中国广播电视学刊》2012 年第 8 期。
② 陈小娟：《对农电视频道核心竞争力培育研究——以垄上频道为例》，《太原理工大学学报》（社会科学版）2013 年第 1 期。

平台资源与湖北长江垄上传媒集团的产业化运作方式，为垄上频道的内容生产与对农服务提供了更广阔的发展空间和更充足的发展动力。新的垄上频道成立后顺应农民的需求与社会的发展，历经多次改版，想农民之所想、急农民之所急，先后创办了帮助农民工解决工作问题的《打工服务社》（现已改版为《蓝领福利社》）、现场调解纠纷的《和事佬》等有口皆碑的优质栏目，不断创新、优化对农服务，探索农村电视公共服务的新路径。

三 搭建对农话语平台 激活用户生产内容

一个社会群体对媒介的掌控权和使用权往往取决于他们对经济资源、组织资源与文化资源等基本资源的掌控程度。有研究指出：强势阶层决定舆论导向；中间阶层使用媒介满足自身需要；弱势阶层被动接受媒介信息。[1] 农民群体掌控的基础资源相对匮乏，这决定了他们在信息传播与媒介使用活动中处于弱势、边缘地位。相较于城市市民，农民群体往往缺乏足够丰富与通畅的表达途径，对农电视媒体作为农村公共服务的重要提供主体，应具备良好的责任意识，主动搭建对农话语平台，帮助农民发声、倾听农民发声、回应农民发声。在当前农村的媒介环境中，互联网、报纸的作用相对有限，而广播电视的影响力依然巨大。从地方栏目到地市级对农电视频道，再到省级对农电视频道，十多年来垄上频道始终不忘初心，深谙对农电视媒体的责任与职能，坚持做农民的喉舌，依托媒体影响力积极搭建对农公共话语平台，帮助农民群体将真实呼声与利益诉求清晰有力、掷地有声地表达出来，为农民群体争取话语权。

垄上频道坚持"农民的频道让农民来办，让农民成为频道的主人"，积极搭建对农公共话语平台，实现与农民的全面互动，调动农民参与节目生产制作的全过程。自开播之日起，垄上频道开放短信互动平台，在节目下方以游标形式滚动直播观众短信，为观众提供即时的意见表达渠

---

① 段京肃：《社会发展中的阶层分化与媒介的控制权和使用权》，《厦门大学学报》（哲学社会科学版）2004 年第 1 期。

道；开通热线电话 965333，24 小时全天候为农民群众服务；节目采用
"我来播新闻、你来取标题"的互动传播模式，引导农民发挥主体作用积
极参与节目制作；在全省范围内组织农民采集节目信息，大力发展"农
民记者队伍"，培养农民记者为频道传递新鲜事、重要事，激活农民自主
生产内容；2010 年，又面向农民招募"垄上情报站长"，每个自然村一
个，将站长网络遍布湖北农村。此外，垄上频道与时俱进，主动对接互
联网平台，开发对农综合服务 App"掌上垄上行"，运营与栏目对应的
"垄上行""蓝领福利社""和事佬"等官方微信公众号，并同"斗鱼"
直播平台联动，充分利用新媒体的渠道优势与农民实时互动。

第二节　转型第二步：从"频道经营"到"产业运营"

垄上传媒平台化转型的第一步是从"垄上栏目"过渡到"垄上频
道"，以《垄上行》为核心打造品牌栏目集群，实现频道专业化，凭借更
具连接性的媒体平台来强化和延展品牌影响力。转型的第二步就是以第
一步集成的内容优势与品牌优势为基础，拓展线上线下渠道，集聚农资
领域各方资源，嵌入农业产业链条，实现从"频道经营"到"产业运
营"的过渡。

一　借势"三农"活动强化品牌吸附力

随着互联网技术的快速迭代和内容产业入局者的不断扩张，传媒市
场的竞争愈演愈烈。即使在农村，电视媒体的开机率也有所下降，常态
电视栏目已不足以支撑当前电视媒体的市场竞争和长远发展。因此，电
视媒体必须寻求其他途径来赢得观众。举办大型活动有利于吸引受众的
注意力、提升观众的凝聚力、激发频道的影响力，已成为电视媒体增强
市场竞争力的重要手段。湖北垄上频道由荆州电视台《垄上行》栏目发
展而来，虽然在"三农"领域扎根多年，但其综合影响力还有较大提升

空间。为了快速拉到频道收视率，扩大影响力，垄上频道以举办服务三农的公益活动为突破口，一系列公益活动不仅成为栏目呈现的主要内容，也成为聚合农域资源、响应用户需求、开创多元价值的重要工具。

湖北垄上频道重组后在全省范围内多次举办大型"服务三农"的公益活动，其中"春天垄上行"与"金秋垄上行"，以《垄上行》栏目的品牌号召力将湖北省市高级农业专家会聚到活动现场，为农民答疑解惑，指导农民进行农事生产。同时，还吸引全国各地农资农机厂商到会，为乡亲们送去大量的优惠与福利。"中国农民梦——2013中国农民春节联欢晚会"与"春满楚天"颁奖晚会，借助春节这一全民参与的场景，整合全省资源，打造春节文艺晚会省级播出平台。垄上频道打造湖北首档大型奇才类选拔活动——"垄上牛人大赛"，为草根阶层和平民百姓搭建舞台，鼓励民间艺人巧匠积极展示自我，引领农村新风尚。垄上频道还举办20万元年薪招聘"农民工星主播"的选拔活动，定位城乡一体化进程中的重要群体——"新型农民工"，制造全国性话题……除了上述大型活动，垄上频道还结合栏目与所处时令紧锣密鼓地举办"创富先锋""螃蟹节""我是粮王""暖冬行动""湖北好儿女""垄上少年强"等中小型对农活动，有节奏、有目标、有重点地连续交替推进垄上频道的品牌影响力，不断加强农民群众对垄上频道的忠诚度，同时潜移默化地将农域市场上中下游的参与者都聚集到频道的覆盖范围内。

二 开发互联网产品拓展媒体渠道

垄上频道品牌栏目衍生的"三农"活动在增强用户黏性的同时，有效拓展了垄上频道的线下渠道，在一定程度上促进了农域市场资源的优化配置。然而，在互联网时代，无论是电视媒体的"频道经营"还是"产业运营"都离不开线上媒体渠道的拓展。互联网时代传媒领域呈现多屏互动、融合传播的新特征，传统电视媒体"你播我看"的僵化模式严重影响着用户体验的流畅度和满意度。电视媒体亟须拓展新的媒体渠道，弥补其互动性不强、反馈不足的媒体弱势，而与社交媒体平台"联姻"

成为最快捷的方式。有学者指出,在媒介融合背景下,社交媒体和电视媒体本质上是"竞合关系"。①从争夺用户的角度来说,电视媒体与社交媒体是相互竞争的关系。但二者各有长短,刚好形成互补。电视媒体可以借力社交媒体,通过内容服务实现关系资源的整合,掌握圈层和营造社群关系;而社交媒体又可以借力电视媒体,获得热门内容和热点话题的二次引爆传播。

媒体渠道的拓展是垄上频道实现平台化转型的重要一环。2014年8月,垄上频道成立了新媒体工作室,着力打造与频道内容对应的互联网产品,通过与社交媒体的对接来拓展媒体线上渠道。一是推出微信产品,垄上频道先后开通了《垄上行》《和事佬》《打工服务社》《寻医问药》《最爱广场舞》《三农堂》《垄上新农会》《垄上新公社》等品牌栏目的官方微信公众号。垄上频道借助微信社交化的传播方式与线上渠道优势,实现节目内容的整合输出与多次传播。同时,利用微信的交互性弥补电视媒体的"弱交互短板",形成节目粉丝群。二是对接直播平台。2016年被业界称为直播元年,垄上频道趁势与"斗鱼"直播平台合作,导流"造血"。垄上频道的重要节目采访、大型活动承办都以互联网直播的形式面向受众。直播在协同频道进行内容生产与渠道拓展的同时,将部分直播观众转化为频道的有效受众。三是开发移动App。2017年4月26日,"掌上垄上行"App正式上线,涵盖垄上头条、政策解读、种植技术、养殖技术、我要爆料、致富信息、供求信息、直播、垄友圈等多个功能板块,致力于打造多向互动、多元共生、互连互通的"三农"话语生态系统,破除电视媒体封闭的传播体系,打通互联网渠道。

三　构建以"垄上行"品牌为核心的多元化产业链

早在2010年,"电视内容产业链"就已经为学界所推崇。电视内容产业链是根据企业在生产电视节目内容时所形成的技术经济联系,这些

---

① 陈波:《从用户争夺到平台融合——电视媒体与社交媒体联姻的动因、可能及路径》,《中国电视》2016年第3期。

联系形成了关于内容与服务的上下游链条关系。① 除了核心的内容产品，电视内容产业链上还蕴藏着丰富的信息资源、品牌资源、受众资源、客户资源等。然而，我国电视产业链长期倚重节目内容产品的生产制作，忽视对电视内容资源的深度开发和利用，导致当前电视产业过度依赖广告经营的局面。互联网时代，媒介竞争加剧，电视媒体的广告市场份额急剧收缩，电视媒体被迫转向多元化经营以突破广告营收的天花板。依据"先围绕主业拓展，再逐步实现跨产业扩展"的多元化经营原则，电视媒体的多元化经营以内容优势为核心，围绕节目品牌拓展上下游渠道，集聚各方资源，打造图书出版、数字出版、动漫游戏、电影、音像制品、演艺作品、海外版权等多元化产业链。

就我国目前电视产业化经营来看，最具影响力的还是各大卫视"现象级"综艺节目的产业链打造，如《爸爸去哪儿》《奔跑吧，兄弟》《极限挑战》的游戏产品开发与大电影制作；《我是歌手》《中国好声音》音像制品与综艺节目的延伸……垄上频道作为地面专业对农电视频道，节目以农技培训、农村市场信息服务、法律维权、打工服务等栏目为主，频道地位、受众定位与栏目类别，都决定其打造节目内容延伸产品的能力远不及走娱乐化路线的省级卫视，这也注定垄上频道无法走"打造内容延伸产品"的传统产业化路径。与其他电视频道不同的是，除了优质节目内容外，垄上频道还拥有湖北"三农"领域最强大的品牌公信力。因此，垄上频道结合自身优势，开始走"频道+渠道"的农业产业链发展模式："频道"制作优质对农电视节目，通过内容集成打造节目品牌链，不断延伸频道品牌价值；"渠道"方面，通过"三农"活动拓展线下渠道，再开发互联网产品拓展线上媒体渠道，线上线下相互结合，开拓农资产品交易、农副产品交易、农业信息服务、农民工就业服务、农村保险等多项业务。

2009 年，荆州垄上频道成立湖北垄上行新公社"三农"服务有限公

---

① 彭祝斌：《中国电视内容产业建设发展研究》，新华出版社 2010 年版，第 65 页。

司（简称"垄上行新公社"），以农资直营超市的形式打通惠农农资流通渠道，迅速覆盖江汉平原并不断拓展范围，与隆平高科种业、中种集团、鲁西化工等多家大型农资供应商达成合作。2011年成立湖北垄上行新农会信息科技有限公司（简称"垄上行新农会"），通过"TV+互联网+社群+大数据"的模式为"三农"用户提供精准高效的信息服务，农民会员已发展到近200万，年利润过百万元。2013年成立湖北垄上优选绿色农业发展有限公司（简称"垄上优选"），与种植大户、养殖大户、中小企业合作，建设农副产品的上行销售渠道。2014年成立湖北垄上人力资源服务有限公司（简称"垄上人力"），为农民工进城务工提供求职、技能培训、创业指导等一站式服务。此外，垄上频道还在积极谋求惠农保险、生态旅游、农业电商等领域的产业化发展。总而言之，通过"频道+渠道"的发展模式，垄上频道基本形成了以农资、农技、农产品为主的多元化产业格局。

第三节　转型第三步：从"对农媒体"到"服务三农新媒体平台"

垄上传媒平台化转型的前两个步骤完成了内容集成与渠道拓展，为垄上传媒平台化转型的第三步——从"对农媒体"过渡到"服务三农新媒体平台"积累了充足的用户资源与丰富的服务资源。转型的第三步就是要通过多元化产业运营实现垄上平台双边市场的"二次成长"，提供更丰富的产品或服务来促进垄上传媒从单一的内容集成与发布平台向集多元服务于一体的"服务三农新媒体平台"转化。

一　"媒体平台"与"双边市场"的属性

随着经济活动的复杂化与技术环境的变迁，"双边市场"日渐成为现代经济系统的重要组成部分，涵盖网站、网络游戏、银行卡、购物广场、房地产、电子商务等国民经济重要产业。比如信用卡平台连接了商户和持卡者，房地产中介连接了买房者和售房者，电商购物平台连接了消费者和售卖者，媒体平台连接了广告商和消费者……随着媒介融合的不断推进，传媒产业的双边市场结构日益凸显，平台连接的双方或多方角色不断丰富，"其运行模式不再是传统厂商和消费者、价格与需求的结构，而是双边用户相互关联的平台型结构"[①]。

（一）"双边市场"

传统的"单边市场"结构（见图3-1）中只涉及"买方"和"卖方"，而在"双边市场"（见图3-2）中出现了一个新的角色——"平台"。在经济交易活动中，为了促成双边市场达成交易，平台会采取一定的价格策略。让-夏尔·罗歇（Rochet）和让·梯若尔（Tirole）认为，"当平台向需求双方索取的价格总水平 $P = P_B + P_S$ 不变时（P_B 为用户 B 的价格，P_S 为用户 S 的价格），任何用户方价格的变化都会对平台的总需求和交易量产生直接的影响，那么这个平台市场被称为双边市场"[②]。这个定义明确指出了价格结构对平台交易量的影响，但却忽略了网络外部性这个重要特征。双边市场具有"交叉网络外部性"（cross-net-work externality）特征。例如，信用卡使用者享受的支付服务效用随着加入该信用卡平台的商户和持卡人规模的增大而增加。当然，这种网络外部性具有"交叉性"，即在双边参与者中，一方参与者的数量受另一方参与者规模的影响。例如，信用卡持卡者对信用卡平台的需求取决于有多少商户使用信用卡支付系统，而开通信用卡支付服务的商户数量取决于有多少信用卡持卡者使用该支付系统。

图3-1　单边市场结构

---

①　石莉萍：《基于双边市场的媒体跨媒介竞争效应分析》，《湖南大学学报》（社会科学版）2015年第9期。

②　Rochet, J. O. C. and J. Tirole, Two-sided Markets: An Overview, Working Paper, IDEI University of Toulouse, 2004, pp. 87-89.

图3-2　双边市场结构

归纳来说，"双边市场"具有三大重要特征：一是存在两组或两组以上不同类型的用户群体，且同时向双边用户提供具有相互依赖性和互补性的产品和服务；二是平台两边的用户之间具有交叉网络外部性，即一方参与者的收益或效用高低随着另一方参与者数量大小而发生变化；三是采取多产品定价方式，为了平衡双边用户的需求，交易平台必须为它提供的两种产品或服务同时进行定价，即对外部性较强的一方提供低价或免费来吸引规模用户，再通过对外部性较强的另一方采取较高价格来补足。在我们的日常生活中，电子商务就是最典型的"双边市场"，它为商家和消费者提供便捷的网络交易场所，向平台商家收取费用，对平台消费者免费，商家的收益高低随消费者数量的变化而变化。"平台"与"双边市场"属于共生关系，随着"双边市场"的广泛存在，"平台"也逐渐成为引领新经济时代的重要经济体。

（二）媒体的"平台"属性

媒体是一种具有"平台"属性的双边市场，既可以存在于有形的广告版面空间，也可以存在于提供电商、政务、社交等多种服务的虚拟空间。作为平台的媒体通过设置一整套定价结构，吸引双方或多方到此空间交易，从而实现价值转换，获得盈利。传媒领域的"双边市场"概念最早来自1833年"便士报"（《纽约太阳报》）运动。"便士报"以低廉的价格赢得了销量的剧增，庞大的读者群吸引众多商家在报纸上投放广告，报纸因此获得了源源不断的广告收入，开始进入商业报刊时代。在这一过程中，读者与广告商通过"便士报"这一媒介各取所需，这便是"双边市场"的雏形，而"便士报"就是最原始的"双边交易平台"。当前大多数媒体都以广告作为主要收入来源，自然也就延续了"便士报"的"双边市场"特征与"平台"属性。其中，受众（观众或读者）与广告商作为媒体"平台"的双边用户，分别从媒体"平台"获取信息产品与广告空间。媒体通过向受众（观众或读者）提供低价或免费的内容产品来扩大受众规模（发行量或收视率），按照"双边市场"的特点，媒体受众规模越大，广告商加入媒体"平台"的收益就越大。广告客户与广告额随着受众规模的扩大而增长，平台收益也随之增长。

相比传统媒体，受信息技术和网络技术加持的媒体平台拓展了有形广告版面空间的"平台"属性，呈现出两大特点：一是能够聚合线上线下的多元化资源；二是加速关系转换，将平台两方或多方的参与者都转化为平台用户，成为平台的信息产消者、服务的消费者和品牌的推广者等多种角色，助力媒体平台实现从关系转换过渡到价值转换。因此，媒体平台不仅具有以电视节目内容聚合资源的媒体属性，还是一个关系转换器。媒体平台通过提供内容服务和多种应用开发，通过线上线下的关系平台连接，将围观的粉丝打捞、沉淀，通过提供增值服务，在用户消费、广告购买、资本运营的过程中实现价值变现。

二 垄上频道双边市场的"二次成长"

"双边市场"的一个重要特征就是平台双边用户之间具有交叉网络外部性，一方用户的数量会影响另一方用户的数量与利益。为了吸引市场一边用户，平台必须拥有大量的另一边用户，而且只有预期这一边有大量用户时，另一边用户才愿意通过这个平台进行交易。所以，平台产业面临着首先培养哪一方用户的问题。媒体平台通过向受众提供低价或者免费的内容产品吸引受众注意力，先完成对"受众"这一边市场的培养，从而带动另一边"广告商"市场的培养和成长。笔者将这个过程称为媒体平台双边市场的"一次成长"①。当媒体平台中"受众"市场与"广告商"市场的潜在经济总量或规模效应都足够大、双方能够获得较好的平台效用时，媒体会继续沿用"一次成长"的模式，并不断发展。但是，当一边市场规模难以扩大甚至萎缩时，另一边市场也会受其影响停滞不

---

① 陈娟：《中国农村类报纸转型研究》，中国传媒大学出版社 2013 年版，第 169 页。

前，这时媒体平台就必须培养新的双边用户，通过平台双边市场的"二次成长"来突破发展瓶颈。[①]

垄上频道为了突破对农电视媒体广告增收天花板，探索"频道+渠道"的产业链模式，正是以多元化产业经营实现平台双边市场"二次成长"的生动实践。垄上频道作为专业对农电视频道，在平台双边市场中，"受众"市场这一边以农民为主，其经济能力远不如城市消费群体，所以对另一边"广告商"市场的带动力较小，广告商市场的成长空间也十分有限；同时智能终端等新兴媒介大肆抢夺受众市场，导致以"垄上频道"为代表的服务三农新媒体平台的广告商市场再次压缩。因此，以广告收入作为主要经济来源的"一次成长"模式已经不能满足垄上频道的可持续发展。

在长期的探索中，垄上频道通过多元化产业经营敲开了服务三农新媒体平台双边市场"二次成长"的大门（见图3-3），已经基本形成以农资、农技、农产品为主的多元化产业格局。垄上频道通过嵌入农资、农技、农产品等产业链，将"农民"与"企业"联系起来培养成新的平台双边市场。虽然农民的经济水平限制了其消费能力，但是农资、农技等产品都是农民开展农业生产的必需品，而农民生产的农副产品又是城市市场不可或缺的生活必需品。双边市场的"二次成长"打通了这一关键节点，将过去对广告商吸附能力较弱的"农民受众"转化为农业生产物资的直接"消费者"与农产品的"供应者"。在这个"二次成长"模式中，并不是只有一组双边用户，不同的产业链中"农民"与"企业"代表不同的双边角色，如"农资消费者"与"农资企业"、"农技需求者"与"农技服务商"、"农产品供应者"与"农产品需求者"、"求职者"与"招工企业"等。双边角色越丰富代表平台的盈利越多元，平台也就越稳固。当然，垄上频道双边市场实现"二次成长"的同时，"一次成长"模式依然在发挥作用。

[①]　陈娟：《中国农村类报纸转型研究》，中国传媒大学出版社2013年版，第169页。

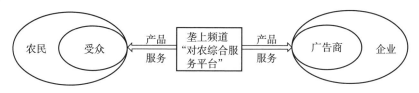

图3-3 垄上频道双边市场的"二次成长"模型

三 垄上服务三农新媒体平台的发展

作为电视媒体,垄上频道本身就具有"平台"属性,在多元化产业链的打造过程中,垄上频道的平台双边市场得到了"二次成长"。随着嵌入的农业产业链逐渐增多,平台的双边市场越来越丰富,平台的综合服务水平也有了质的提升。当前,垄上频道已基本形成了集新闻产品、农资、农技、农产品、信息咨询等多元服务于一体的服务三农的新媒体平台,不再是过去单一的内容集成与发布平台。无论是对于垄上频道自身的创新发展,还是对于农村电视公共服务的拓展延伸,垄上频道的"平台化"转型都提供了示范作用,并且实现了经济效益与社会效益的共赢。这也说明垄上频道的平台化转型是顺势而为的发展战略。不过,当前垄上频道服务三农新媒体平台还处于初步发展阶段,其平台的建构、拓展与维护还需要更多的时间与精力。笔者将垄上服务三农新媒体平台简称为"垄上平台"。

总体来说,垄上平台还处于管理与服务分散化、碎片化的状态。垄上频道通过品牌内容集成、线上线下渠道拓展,集聚农域市场各方资源,打开农村消费者市场,为平台用户提供农业生产活动的多元化服务。其中模式较为成熟的是新闻产品和以公司形式供给的农资交易服务、农技信息服务、农产品交易服务与农民工求职创业服务。此外,还有垄上频道栏目延伸的相亲交友服务、法律咨询服务、社区广场舞等。同时,垄上平台在惠农保险代理、农村金融、生态旅游、农村题材影视剧等领域也有所涉猎。但是,上述众多服务都还是各自为政的状态,或是由湖北长江垄上传媒集团旗下子公司负责管理运作,或是由所属栏目及其微信公众号负责,或是单独开通微信公众号独立运作。如此分散化的运作方式需要大量的管理投入，而且效率不高，同时也会影响用户体验。

随着平台双边市场的持续扩大，服务产品的不断丰富，这样的管理运作方式将难以为继，垄上频道的管理者也在致力于解决这一问题。2017 年 4 月 26 日，集频道信息、互动、服务于一体的"掌上垄上行"App 正式上线，涵盖新闻资讯、种植咨询、养殖咨询、供求信息、找律师、找工作、找项目、找对象等多个功能板块，为垄上平台双边市场的互动与交易提供了一个统一的信息接入端口，这将有效改善平台管理与服务分散化的现状，促进平台的集约化发展。不过目前客户端上线时间较短，垄上频道的众多资源还未完全对接到"掌上垄上行"App，且各功能板块的设计还不够精细，所以"掌上垄上行"的全媒体"三农"综合服务能力还十分有限。

垄上频道打造"掌上垄上行"App 的初衷不仅是为了谋求集约化发展，更是顺应时代发展，搭建自己的互联网平台，将自身的品牌优势、资源优势与互联网的开放性、互动性深度结合，创造更大的价值。过去垄上平台的运作方式是"传统媒体传播+线下实体门店"。虽然先后有建立或对接网站、微信、直播等新媒体产品，但它们更多的是用来拓展线上渠道、加强互动反馈。除了新闻产品，其他服务基本都是在线下达成交易，而非线上。"掌上垄上行"App 实际上是垄上平台的线上虚拟空间或场所，它的出现将帮助垄上平台形成"互联网传播+传统媒体传播+实体门店运作"的全媒体运作格局。"掌上垄上行"App 内容涵盖"种、养、卖、学、政策解读、打工求职"等，开设了水产、蔬菜、果木、畜牧、水稻五大农技交流板块，以及致富信息、法律咨询、打工求职、农技课堂等 20 多个功能性板块，全天 24 小时不间断为广大用户提供服务。截至 2018 年 10 月，掌上垄上行 App 总用户数近 20 万，月平均活跃人次超 7.5 万。在垄上频道的用户与资源逐渐对接到"掌上垄上行"App 后，平台双边用户可以通过"掌上垄上行"App 进行产品与服务的线上交易。当然，这需要对 App 的界面设计、服务模式、交易规则等做更精细的设计。对于垄上平台的构成与设计将在第四章具体分析。

第四章　服务三农新媒体平台的构成方式

　　随着互联网的发展，传媒业进入数字媒体时代，一种新的媒介组织形态"媒体平台"便应运而生，它"通过某一空间和场所的资源聚合与关系转换为传媒经济提供意义服务，从而实现传媒产业价值"。① 当前"平台化"正在成为传媒业的发展趋势和战略规划。

　　从类型上来看，平台可以分为互联网平台与媒体平台。互联网平台指以互联网为依托搭建起来的平台，它包含多种类型，如科技类平台——百度、社交类平台——腾讯、电商类平台——阿里巴巴等，它们以普适性服务成就商业价值，已形成包括内容网络、人际网络及物联网络等基础性的社会连接。媒体平台指传统媒体依托自身内容优势结合互联网构建的媒体平台，如中国网络电视台（CNTV）、芒果TV、南都全媒体平台以及本书的研究个案——垄上平台。它们要在特定的议题、人群和价值目标引导下实现对社会的整合，但这类媒体平台因为受制于传统媒体的内容生产流程和管理体制机制，往往缺乏用户思维，内容强于服务，很容易发展成为单一的内容集成与发布平台。

　　作为专业对农电视频道，垄上频道发展初始就具有非常明确的服务意识，长久以来一直秉承"全心全意为乡亲服务"的宗旨。所以，不同于其他传统媒体平台过分倚重内容，垄上传媒的"平台化"转型一直是坚持内容与服务并重，并且不断创新节目内容以更好地实现对农服务。上一章我们讲到，通过农业产业链的嵌入、双边市场的"二次成长"，垄

---

　　① 谭天：《媒介平台论——新兴媒体的组织形态研究》，中国人民大学出版社2016年版，第35页。

上频道已经从单一的内容集成与发布平台，过渡到了服务三农新媒体平台的初步发展阶段。不过，由于先天缺少互联网基因，所以垄上平台的深入发展道阻且长。本章主要以垄上传媒为样本，借助媒体平台理论，从平台的相关概念及媒体经济发展逻辑、基本特性、相关角色、构成模块与核心功能等方面来分析服务三农新媒体平台的构成方式。

第一节　平台的相关概念

媒介融合时代，平台作为一种新的媒介组织形态登上历史舞台。"平台带来技术驱动的大规模社会化协作，它是连接者、匹配者与市场设计者，成为全球经济最强大又最具创新精神的关键角色。"[①] 在宏观经济与政策层面，互联网平台也成为最受关注的议题之一。2015 年 3 月，"互联网+"行动计划首次出现在李克强总理的政府工作报告中，该报告倡导互联网与包括医疗、教育、物流、金融等在内的传统行业各个领域的融合发展。2016 年 3 月，李克强总理在政府工作报告中强调，"以体制机制创新促进分享经济发展，建设共享平台"。互联网平台成为继市场、企业之后的第三种资源与组织方式，可以把"生产"和"消费"两端、"产品"和"服务"两个环节有机结合起来。平台连接人的线上与线下生活，技术驱动的互联网平台是互联网经济和实体经济融合发展的新引擎，一个平台时代正在到来。

一　平台理论溯源

交易是人类最古老也是最现代的经济活动。任何经济活动都会产生相应的组织形态。"农业经济中实现土地和劳动力结合的组织是家庭；工业经济中实现资本和劳动结合的是企业；而在数字经济中实现数据和相

---

① 方军等：《平台时代》，机械工业出版社 2018 年版，第 3 页。

关要素结合起来的是平台。"① 纵观围绕经济活动变迁而产生的各种组织形态,不论是从直接交易中的物物交换到钱货交换,还是到间接交易中的中介交易,再到买卖双方直接互动的间接交易——平台交易,平台这种古老而现代的经济组织形态都遵循交易过程中搜寻、议价、运输和结算等诸多环节,实现商品流、货币流和信息流的三流合一,极大优化了流动方式、降低了交易费用、提升了交易效率。随着互联网和数字化时代的来临,平台经济成为新经济形态的重要引擎。平台利用数字技术精准连接供需双方,设计市场规则、筛选并匹配有效信息,实现多边共赢。

2003年,关于双边市场(也称多边市场、双边网络)和平台的经济学理论初现雏形。让-夏尔·罗歇(Jean-Charles Rochet)和让·梯若尔(Jean Tirole)在《双边市场中的平台竞争》一文中初步定义了双边市场概念。为了表彰让·梯若尔对"多边平台"市场力量与市场规则的分析,他获得2014年诺贝尔经济学奖。

2012年,经济学家埃尔文·E.罗斯(Alvin E. Roth)与罗伊德·沙普利(Lloyd S. Shapley)凭借以"匹配市场"为基础的市场设计(market design)成果获得诺贝尔经济学奖。2015年,商业战略专家桑基特·保罗·邱达利(Sangeet Paul Choudary)出版《平台扩张》(*Platforms Scale*)一书,深入分析互联网平台的运作机理。2016年,他又出版《平台革命:改变世界的商业模式》一书,他认为,"传统商业模式像管道(pipe pine)一样工作,新商业模式像平台(platform)一样工作。从传统的线性价值链向复杂的平台价值矩阵转变,是一个高效的管道淘汰那些低效的管道,平台打败传统管道的过程"②。

2016年,经济学家戴维·S.埃文斯(David S. Evans)在《连接:多边平台的新经济学》(*Matchmakers: The New Economics of Multi-sided Platform*)中分析了平台的经济与商业原则。阿里巴巴菜鸟网络智行院院

① 参见王勇、戎珂《平台治理——在线市场的设计、运营与监管》,中信出版集团2018年版,第2—3页。
② [美]桑基特·保罗·邱达利等:《平台革命:改变世界的商业模式》,志鹏译,机械工业出版社2018年版,第6—7页。

长陈威如在《平台战略》一书中，他以传统出版业和网络文学对比，关注平台商业模式对于传统线性价值链的重组。

从上述对平台理论的溯源中不难看出，商业和生活正在被技术革命深刻地改变。移动互联网正在"去边界化"进行跨界融合，让生产者"去中间化"地接触终端消费者，也让个性化需求通过"去中心化"的共创共享得以实现。技术和数据革命，使供需双方之间的海量触达、匹配、互动和交易成为可能，各方参与者之间的分享正在取代原有线性价值链的功能。在数字化经济中，平台正在高速改变着行业的运营模式，以平台为导向的经济变革将推动社会整体财富增长、满足人类多元化、个性化服务需求。

二　平台及媒介平台的相关概念

柯林斯英语大词典（Collins English Dictionary）中收录了"平台"（platform）一词，它是一个平坦的凸起的结构或区域，通常有东西可以站在上面或降落在上面。从词源学来看，"平台"一词 1500 年进入英语世界，源自中古法语的 plate-forme（plate 平的，forme 形状），意为呈水平状的表面。《现代汉语词典》（第 7 版）中对"平台"的解释为：生产和施工过程中，为操作方便而设置的工作台，有的能移动和升降。不论中文抑或西语，平台的本义基本相同，都具有水平的操作场所或空间的意思。其实，平台的概念早已有之，古代欧洲的"市集"和中国的"农贸市场"都是平台的雏形。美国学者桑基特·保罗·邱达利等指出数字连接和平台模式正在改变整个世界，是人类商业行为的分水岭。媒介融合本质上涉及社会关系的转型，涉及人与人、人与媒体、虚拟空间与实体空间的重构，平台成为资源对接、关系连接的中介。研究者把"内容平台"推向"关系平台"，无论是内容还是关系都强调"平台"这一概念。①

---

① 彭兰：《从"内容平台"到"关系平台"》，《新闻与写作》2010 年第 5 期。

（一）传媒经济学视野中的"平台"

平台作为经济学"双边市场理论"的核心概念，是相对于传统的"单边市场"而言的。单边市场的痛点在于价值链太长，协同性不高，整个行业过于强调标准化、流程化而无法满足个性化需求。作为双边市场的平台，它可以缩短产业链、带来丰富性和多样性，实现跨行业、跨领域、跨地域的跨界整合，挖掘增长亮点，为用户提供整体解决方案。

近年来，平台的概念开始被引入传媒业。黄升民教授在研究下一代广电网时，提出这不只是一个技术概念，而且是一个平台概念。平台是"一个实现双方（或多方）主体互融互通的'通用介质'（标准、技术、载体、空间等），它能够实现需求力规模经济和供给力规模经济的对接"。[①]

进入媒介融合时代，媒体平台作为一种新的媒介组织形态诞生。谭天教授认为，媒体平台是指"通过某一空间或场所的资源聚合和关系转换为传媒经济提供意义服务，从而实现传媒产业价值的媒介组织形态"[②]。喻国明教授则认为，传统媒体在互联网上半场"跑马圈地"的粗放型发展中处于劣势，是因为规模经济的发展模式已经超越了"规模不经济"的临界点，必须用集成经济和范围经济模式来实现转型发展。他还指出，随着线下生活向线上全面转移和升级迭代，传统媒体在社会的媒介化进程中大有可为。传统媒体充分发挥本土化优势和激活、协调、整合相关资源的强大能力，将在互联网下半场的竞争中占据优势。[③] 媒体平台将在社会的媒介化过程中扮演一个综合服务提供商的角色，具有聚合资源、响应需求和创造价值三大功能。

（二）信息传播学视野下的"平台"

在信息传播学框架下，平台就是"建立在海量端点和通用介质基础

① 黄升民、谷虹：《数字媒体时代的平台建构与竞争》，《现代传播》2009年第5期。

② 谭天：《媒介平台论：新兴媒体的组织形态研究》，中国人民大学出版社2016年版，第35页。

③ 喻国明：《新型主流媒体：不做平台型媒体做什么？——关于媒体融合实践中一个顶级问题的探讨》，《编辑之友》2021年第5期。

上的交互空间，它通过一定的规则和机制促进海量端点间的协作与交互"①。这个平台的概念颠覆了传统信息传播"一对一"的线性传播模式和"一对多"的星形传播模式。在数字网络技术的推动下，出现了"网络传播"和"平台传播"两种新型的传播模式（见图4-1和图4-2）。它们将"一对一""一对多""多对一"等几种传播模式叠加成"多对多"的传播状态，体现出互联网碎片化和节点化的传播特性。

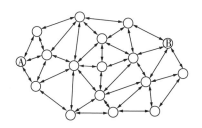
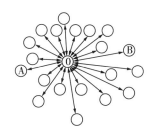

图4-1　多对多网络传播模式　　　图4-2　多对多平台传播模式

　　然而，两者之间也存在本质区别。"网络传播模式"中各个端点都与其他端点双向对接，呈现"去中心化"特征。而"平台传播模式"出现了一个中心端点，呈现"再中心化"特征。平台不仅是海量端点聚集和中转的载体，而且对各种交互信息拆分、重组、匹配，实现高效率、精准化推送。由此可见，"网络传播是离散的，而平台传播是聚合的；前者是对传统线性、星形模式的解构和颠覆，后者是对传统线性、星形模式解构之后的重构"②。因此，网络传播难以控制和运营，而平台传播可以实现控制、管理和运营。

　　平台的定义，除了揭示在平台模式下的交互状态以外，还揭示了平台的三个构成要素，即海量端点、通用介质和交互空间。前两个要素是交互的基础，交互空间才是建构平台的中轴。由此，新媒体平台带来了

---

　　① 谷虹：《信息平台论：三网融合背景下信息平台的构建、运营、竞争与规制研究》，清华大学出版社2012年版，第62页。

　　② 谷虹：《信息平台的概念、结构及三大基本要素》，《中国地质大学学报》（社会科学版）2012年第5期。

新的传播模式，而"关系"是其中的核心。关系成为内容生产与交互的动力，关系也成为传播的基础设置。

总之，无论是工程技术、经济管理还是信息传播，平台都具备一些主要特征：一是服务性；二是集成性；三是空间性（场所、系统、环境）。[1] 媒体平台作为媒介融合时代的新兴媒体组织形态，不仅仅是一个新的媒介产品和传播渠道。真正的媒体平台至少具备两个必要条件：一是用户规模足够大，能聚集足够多的资源；二是应用服务足够多，能让它更好地响应用户需求。

本书中媒体平台的概念指的是依托关系媒体形成的信息互动和交换空间，是建立在网络化、信息化、智能化基础之上的受众聚集公共场所。平台上每个人都以个体方式参与，形成数量庞大的社交连接，"生产者—平台—消费者"构成全新的价值链主体。媒体平台作为更为高效的中介者，把散落于互联网的受众打捞、沉淀、聚合，然后为他们提供匹配服务，进而创造价值。这让真正个体层面的大规模社会化协作成为可能。平台模式成为新媒体时代传统媒体转型的重要选择，媒体平台不仅要满足受众或者用户某方面的刚性需求，还要挖掘、培养并创造多元化的柔性需求。通过一定的渠道和终端，聚合商品流、货币流和信息流，为用户提供稳定的、精准的、个性化的媒体平台服务，从而实现价值变现。

第二节　服务三农新媒体平台的基本特性

服务三农新媒体平台是经由传统电视媒体"平台化"转型而生成的媒体平台。在这个过程中，它汇聚了电视、平台与互联网三种媒介基因，这也决定了其基本属性的多元化：既保留甚至强化了作为电视的媒体属性，同时又拥有了平台基因的服务属性与互联网基因的技术属性。垄上平台正是在融合这三种基因属性的基础上进行平台的组织搭建与运作。

---

[1] 谭天、王婧:《未来五年传媒业的重塑》,《传媒》2011 年第 5 期。

一 电视基因的媒体属性

中国广播电视公共服务职能的实现，其核心仍在于优质节目内容供给，这是电视作为价值媒体的功能体现。因此，电视基因的媒体属性是服务三农新媒体平台的根本属性。电视媒体转型为服务三农新媒体平台，作为媒体的内容在地性优势及社会地位授予优势依然是其品牌号召力的源泉，也是其核心竞争力。可以说，电视媒体是服务三农新媒体平台构建的基石，是提高媒体品牌吸引力、聚合人气和资源，开展有效服务的重要基础。不同于百度、阿里巴巴和腾讯这类互联网平台企业可以利用服务直接集聚用户，媒体平台往往是以优质内容吸引受众，再将受众转化为用户。所以，电视媒体本身成为吸附用户的关键。服务三农新媒体平台必须充分发挥电视基因的媒体属性，以优质的内容和良好的品牌公信力吸引用户、集聚资源。

服务三农新媒体平台要实现平台服务必须首先集聚起大量的农民用户，垄上平台的发展就是充分利用了垄上传媒的媒体属性。垄上传媒坚守"全心全意为乡亲服务"的宗旨，以《垄上行》栏目为核心打造"三农"品牌栏目集群，建立起在"三农"领域的强大品牌号召力与媒体公信力，同时积极搭建农民公共话语平台，牵头组织丰富的线下"三农"活动，充分释放媒体影响力，全方位地打捞散落的农民受众，让农民群众对垄上传媒形成持久的信赖感和认同感。同时，垄上频道作为服务湖北"三农"的电视媒体，在湖北地区拥有强大的品牌号召力，凭借"服务三农"的先发优势，掌握了江汉平原乃至湖北"三农"的核心资源。在此基础上，垄上平台才能有效吸附涉及"三农"的企业和商家，将农民与农业产业链上下游的企业和商家直接联系起来，为平台双边用户提供精准的产品与服务，从而实现平台价值。

另外，在垄上平台的运作中，垄上传媒是信息双向传播的主要载体，是及时获知农民需求的重要渠道，也就是说，垄上传媒的内容运营是维护垄上平台用户的主要手段。倘若忽略垄上平台作为电视的媒体属性，将垄上平台当作一个纯粹的互联网平台来经营，短时间内根本无法实现规模用户的有效集聚。因为农民群体并不具备充分的媒介素养，在信息传播过程中也习惯于被动接受，没有电视这一媒介，他们很难同平台形成强连接。

二 平台基因的服务属性

相比传统媒体，媒体平台有两大特点：一是能够聚合线上线下的多元化资源；二是加速关系转换，将平台两方或多方的参与者都转化为平台用户，成为平台的信息产消者、服务的消费者和品牌的推广者等多种角色，助力媒体平台实现从关系转换过渡到价值转换。因此，媒体平台不仅具有以电视节目内容聚合资源的媒体属性，还是一个关系转换器。媒体平台通过提供内容服务和多种应用开发，通过线上线下的关系平台连接，将围观的粉丝打捞、沉淀，通过提供增值服务，在用户消费、广告购买、资本运营的过程中实现价值变现。

电视媒体向服务三农的新媒体平台转型，可以融合传统媒体的内容优势和新媒体互动性强、多元盈利的优势。通过对接互联网平台集聚更多的生产要素，促进新型媒体产业发展，从而更好地实现对农服务。所以，平台基因的服务属性是服务三农新媒体平台的基本属性，反映到平台的日常运作中即表现为服务的平等性、普遍性、公益性与多样性。

首先，服务三农新媒体平台是一个开放的空间或场所，平台双边用户拥有完全平等的地位，共同享有平台的全部信息，双边用户根据供需要求直接在平台上达成交易，实现服务的精准对接。过去单纯依靠对农电视频道的力量并不能完全打破农民群体的信息弱势地位，在农业生产销售的全产业链中，这种信息不对等的情况往往使得农民群体的利益被上下游商家与企业层层盘剥，而服务三农新媒体平台的平等性可能会打破这一被动格局。

其次，服务三农新媒体平台是一个大众化的服务平台。虽然其明确指向为三农领域与农民群体，但它致力于打通农村市场与城市市场的壁垒，将农民群体与城市群体紧密联系起来，共同构成平台的双边用户。比如垒上平台，它在实现对农服务的同时，也为城市带来了劳动力、农产品、美食与旅游项目等服务，在服务对象上具有普遍性。

再次，服务三农新媒体平台本质上是一个公共服务平台，它具有明显的公益性，对农民群体加以大力扶持。在服务三农新媒体平台的"双边市场"中，平台对农民群体一方采取免费和优惠策略，而对企业与商家一方收取相应的服务费用来维持平台的运作。垒上平台通过"春天垒上行""金秋垒上行"等线下活动，以农业集市等形式为农民提供优惠的农资产品与免费的农技咨询；在农业生产销售环节中，为农民寻找优质的对接企业，最大程度保障农民的利益。

最后，服务三农新媒体平台还具有服务的多样性。垒上平台凭借优质内容与品牌号召力集聚起丰富的"三农"资源，为农民提供农业领域产销一体化的服务。同时，还为城乡居民提供包括信息咨询、情感服务、技能培训、用工服务、维权服务等多元化服务。服务的多样性是服务三农新媒体平台持续发展的动力，它意味着农村公共服务电视平台还有更多可待开发的服务空间。

三　互联网基因的技术属性

服务三农的新媒体平台是由传统电视媒体对接互联网平台转型而成，数字技术和网络技术是推动平台成功运行的关键要素。媒体平台依据主要业务类型的支撑技术，可以分为信息聚合模式、算法模式和流量模式等不同方向，提供即时通信、新闻聚合、生活服务、电子商务、金融支付、医疗咨询、法务援助等多元化服务。

媒体平台通过技术协同，打通多个优势资源，提升用户体验，实现流量聚合。换言之，大众传播意义上的泛众传播被不同技术应用构建的"小环境"定向传播取代，协同体现出技术平台化的核心价值，即开放性和可连接性。服务三农新媒体平台融合了互联网的技术属性，即开放性、互动性与虚拟性。

媒体平台只有具备充分的开放性，才能集聚起更多的资源，从而响应用户需求创造价值。所以，开放性是服务三农新媒体平台的活力所在。不同于网络传播的"去中心化"，传统电视媒体的信息传播模式是自上而下的，具有层级性，传播链条上的信息是被层层筛选过的。由于这样的限制，很多资源无法有效聚集。垄上传媒的平台化转型就是将自身的内容优势与互联网深度融合，借助互联网的开放性来延伸内容传播链、拓展传播渠道，从而打破长久以来的封闭化格局，建构起一个开放的平台，集聚更丰富的资源。开放性还可以帮助平台吸纳第三方开发商在平台上运营平台自身不擅长或未涉足的其他服务，从而扩展平台外延。

传统媒体虽然具有一定的互动性，但由于其单向线性的传播方式，传者与受众的关系比较固定不能相互转化，所以信息从传者到达受众后短时间内无法获得有效的反馈，这种互动是不即时、不充分的。相较而言，新媒体的双向互动更直接快捷。随着移动终端的普及，甚至可以做到无处不在、无时不有的即时互动。移动互联网时代，信息传播从海量过载转向个性化屏蔽，算法推荐等互联网技术手段解决了海量内容的定向聚合、分发。服务三农新媒体平台从本质上来说，是通过对数据的捕获、运用和分析以及在数据基础上建立的人工智能技术，实现数据的商品化，让平台用户在平台方的选择性呈现机制下获得个性化服务，以实现效益最大化。这就要求平台必须充分利用算法和流量倾斜机制，满足双边用户的有效对接。所以，电视媒体的平台化转型要以大数据为内核，以技术为依托，根据用户的互联网使用痕迹来完成内容的自动检索和自动推送，让用户创造内容，让消费者创造媒体价值，让互动性技术成为释放创造力的工具。

服务三农新媒体平台具备互联网的虚拟性，即以图像、声音、信息等无形的电子文本作为其存在形式。互联网就是以数字化形式存在的一个虚拟空间，在信息的数字化过程中，这个虚拟空间就与现实空间发生了交互，对客观现实世界形成真实映射，而虚拟空间的真实映射又对现实世界产生影响。平台的实质是一种现实或虚拟的交易空间或场所，"集市"与"农贸市场"就是平台的雏形，但受时间与空间限制，这种现实的空间平台聚集的资源与达成的交易都比较有限。而作为虚拟空间平台的电子商务平台、社交平台、短视频平台，可以依托互联网的虚拟空间囊括无限的用户资源，交易时间也更加灵活自由，所以其发展规模与速度远超现实集市或市场。过去，垄上频道的平台服务更多的是依托频道实体空间、线下实体店或线下活动场所。但现实空间平台的发展规模是有限的，所以近几年，垄上传媒积极向互联网虚拟空间发展业务，以期打造更完善的对农综合服务平台。

第三节　服务三农新媒体平台的相关角色

互联网平台的出现是传播发展史上一个里程碑式的进步。互联网平台由电信层（基础架构层+逻辑层）、平台层和应用层三个基本的传播层次构成。"电信层提供传播（连接）的技术可供性，平台层提供传播（连接）实现的功能可供性，应用层则提供传播（连接）变现的价值可供性。"[1] 除去基础架构层所需要的技术、管道、设备提供者和外部管理所必受其制的政府职能部门（监管者）之外，媒体平台主要由运营者和用户构成，用户又分为供应者和需求者双方。其中，媒体平台的运营者既是平台的所有者和管理者，也是媒体平台的综合服务提供者。用户既是媒体平台的服务对象也是其生存基础，与传统媒体受众最大的区别在于，媒体平台的用户既是信息产品的生产者，也是信息产品的消费者，即产消者（Prosumer）。客户与用户是既独立又统一的两个概念。客户购买产品或服务，用户则使用产品或服务，两者身份可以互相转化也可以各自独立。关系转换和角色互换是媒体平台的主要功能，媒体平台的需求响应不仅要满足用户需求，还须满足内容提供者和服务提供者的需求，

---

① 喻国明：《新型主流媒体：不做平台型媒体做什么？——关于媒体融合实践中一个顶级问题的探讨》，《编辑之友》2021 年第 5 期。

广义上说它们都是媒体平台的用户（或客户）。服务三农新媒体平台是对农电视媒体平台化转型生成的媒体平台，笔者在这里将服务三农新媒体的主要角色分为平台运营者、平台需求者、平台提供者三类。

一 平台运营者

在传统经济的单边市场形态中，企业秉持打造具有核心竞争力的产品战略。在数字经济的多边市场形态中，企业通过构建交易平台、制定合理的价格结构、拓展交易市场来打造平台战略。从产品战略向平台战略转变的过程中，企业实现"从资源控制到资源整合、从内部优化到外部交互、从关注单个客户价值到关注循环的、迭代的、反馈驱动的、延展系统极强的生态系统价值"的转变。①

服务三农新媒体平台由传统电视转型而来，整个平台的运作与管理都由电视媒体统筹实施，因而电视媒体是服务三农新媒体平台的运营者，其运营对象就是平台用户，即受众、广告客户以及各类服务商。作为服务三农新媒体平台的运营者，电视媒体首先要设计好符合自身媒体特色的平台组织架构，同时制定合理的平台运行规则，然后在组织架构与平台规则的导向下展开综合服务。

当然，受自身产业特征的限制，平台运营者并不是万能的。电视媒体提供的综合服务主要是指服务三农新媒体平台双边用户直接需要的产品或服务，如信息、农技、物资等，并不包括支持整个平台运作的技术服务、渠道服务、应用服务等。所以，为了保证平台的正常运作，对于一些自身不擅长或无法涉足的支持服务，平台运营者必须积极寻求外部合作，对接作为基础设施的互联网平台。同样，垄上传媒作为垄上平台的运营者，在平台建构过程中必须与通信运营商、技术服务商、应用业务服务商等建立广泛而紧密的联系。随着平台规模的持续扩大，垄上传媒还会与更多第三方开发者寻求合作，例如，垄上平台发展农业电商，

---

① 王勇、戎珂：《平台治理：在线市场的设计、运营与监管》，中信出版集团2018年版，第81页。

就必须与各大银行、"支付宝"或者"微信支付"等第三方支付平台达成良好合作。同时，平台运营者必须遵循市场规律、服从政府的外部监管。

二　平台服务使用者

用户是媒体平台的服务对象与生存基础，媒体平台的用户集多重身份于一身，他们既可以是信息传播链中的受者和传者，也可以是产品服务链中的消费者和生产者。媒体平台用户与传统媒体受众最大的区别在于他们的角色可以转换，既可以是媒体平台的使用者，也可以是内容的提供者。媒体平台的内容生产主要由三部分提供，一是平台运营者自己生产，二是传统媒体提供，三是个人用户提供。

媒体平台用户可以分为平台服务需求者与平台服务提供者两类。媒体平台是基于"双边市场"的媒介组织形式，"双边市场"的一个重要特征就是平台双边用户之间具有交叉网络外部性，一方用户的数量会影响另一方用户的数量与利益。拥有大量的一边用户是平台吸引市场另一边用户的前提，而且只有当一边用户达到一定规模时，另一边用户才愿意通过这个平台进行交易，平台价值也才得以实现。

电视媒体转型为服务三农新媒体平台，首先培养起来的一边用户即电视媒体自身的受众。不同于之前固定的"受众"角色，当电视媒体的受众转变为服务三农新媒体的用户后，他们的角色可以转换，既可以是平台的需求者，又可以是平台的提供者，并且不局限于单个个体，还可以是某个组织。过去电视媒体的内容生产基本上由电视台工作人员一方采编完成（PGC），受众仅限于提供新闻线索或反馈信息，而服务三农新媒体的用户可以借助平台的网络渠道直接发布内容（UGC）。这里的"平台提供者"不仅是指无形的新闻或信息产品的提供者，还指有形的物质产品的提供者。垄上平台的用户是广大农民群体，他们是新闻产品、农资、农业信息、就业信息的需求者与消费者，同时，他们还是农产品的提供者。当农民为另一方用户提供产品时，他们的平台角色就转换成了平台提供者。

三 平台服务提供者

平台服务提供者是服务三农新媒体平台的另一边用户。"双边市场"还涉及一个重要的"定价平衡法则"——设置合理的价格结构,即交易平台对外部性较强的一方提供低价或免费服务来吸引大量用户,再通过对外部性较强的另一方收取较高价格来补贴,从而达到平衡两边用户需求的目的。一般来说,平台需求者是享受优惠或者被补贴的一方,而平台服务提供者是为产品或服务埋单的一方。传播学中经典的"使用与满足理论"将大众传媒的受众看作是有特定需求的个人,将他们的媒介接触活动看作是基于某种特定的需求动机来使用媒介,从而使这些需求得到满足的过程。过去,受众的需求是由电视媒体自身提供对应的信息服务来满足,而在服务三农新媒体平台中,这些需求更多的是由平台服务提供者来满足,电视媒体只提供新闻产品与部分信息服务。平台服务提供者通常是以企业或商家的形式出现,他们就其拥有的产品或服务与平台需求者达成买卖交易,平台运营者通过交易量或交易次数等指标对双方收取费用,从而实现三赢。平台服务提供者作为平台用户,他们的角色同样也可以转换,当平台服务提供者产生某种需求,而平台另一方用户刚好可以满足这个需求,"平台服务提供者"就转化成了"平台需求者"。这种双向互换的"使用与满足"模式,从一定程度上挑战了传播学中单向固定的"使用与满足理论"。

相较于传统商业模式,平台模式最大的特点在于它塑造了全新的价值链。传统商业模式的价值链具有线性特征,每个环节环环相扣,所有成本体现在商品或服务的定价上。而在平台模式中,价值链是被"弯曲"的,商业或服务的生产者和提供者不再作为价值链的某一个环节而出现,而是以平台形式将各方需求和供给连接,形成一个互动媒介生态圈,实现多方共赢。

传统的农业产业链是指与农产品初级加工有密切联系的产业群之间

的供需关系所构成的单向线性结构。在传统的农业产业链中，单个环节都将受到前后诸多环节的影响与制约，每个环节付出的成本和获取的利润层层加码，最后都叠加到农民身上，增加了农民的负担。平台的建构是对传统产业链线性结构的简化、弯曲和重塑。一般而言，传统产业链的构成基本有两种模式，一种是上下游的单环产业链模式，另一种是全产业链模式。前者只占据生产的某一环节，利润在上游已被层层盘剥，利益分割成为最大问题；后者则内部组织管理和上下游对接难以协调。传统农产品上行产业链条如图 4-3 所示，是单向直线的。传统产业链条线路长环节多、流通中介组织多、交易次数多。整个交易环节完成时，生产者和消费者的利益已经被多个中间环节层层盘剥，作为农民的生产者销售额较低，而消费者的消费额却偏高。

图 4-3 传统农产品上行产业链条

美国学者桑基特·保罗·邱达利等学者解释道，平台模式之所以能打败线性管道模式，"一是因为平台借助规模化消除了守门人（gate keeper），从而使得其规模化更加有效；二是因为平台开发了价值创造的新来源；三是借助基于数据的工具创造了社群反馈回路（community feedback loops），取代了传统的供应链"①。平台作为一种革命性的商业模式，打破了以往依靠掌控独家内部资源、构筑竞争壁垒的传统商业模式，通过调动外部资源、激发社群活力，展现出清晰的营利模式。

垄上平台依托湖北广电垄上频道多年积累的品牌公信力，集成"三农"生产的上下游资源、农业边际资源，使原本处于农业产业链两端的"三农市场需求方"和"三农市场服务方"直接接触，弯曲了原本从生产到流通再到消费等诸多环节的价值链条。因此，源源不断的三农市场

---

① ［美］桑基特·保罗·邱达利等：《平台革命：改变世界的商业模式》，机械工业出版社 2017 年版，第 7—8 页。

服务需求在源头上便能与服务提供方直接互动，多样化的供给与多样化的需求得以匹配。从生产到消费的中间模块所扮演的"桥梁"作用被削弱，通过一体化对农服务平台实现供需精准对接和平台价值转化。其中，垄上传媒是平台的运营者，它并不能提供所有的服务支持，它要对接百度、阿里巴巴、腾讯等互联网基础设施，获得信息、社交、商务等基础应用服务，还需要与渠道提供商、技术提供商、内容提供商等协同合作。此外，它必须接受政府对互联网平台的立法与监管，遵循双边市场经济规律，更重要的是真正尊重并满足用户需求，如图 4-4 所示。

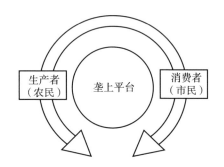

图 4-4　垄上平台弯曲重塑的农产品上行产业链条

"三农市场的需求方"和"三农市场的服务方"都是垄上平台的"使用者"，双方对于垄上平台的贡献等量齐观，垄上平台必须同时吸引这两方面不同的用户群体以维持平台的可持续发展。同时，"三农市场的需求方"和"三农市场的服务方"两者可以实现关系转化和角色互换。比如，农业电商就是典型的双向 O2O 模式，在农资产品采购阶段，农民是需求方，农资产品销售商则是服务方。而在农副产品销售阶段，农民成为服务商，农副产品采购者则成为需求方。这种需求响应必须在角色互换中产生，并在互换中为媒体平台创造出新的价值。只有垄上平台提供的信息产品、社交产品和商务产品能尽可能多地满足用户需求，提高用户效率且为客户带来价值增值，才能实现平台运营者、用户和客户的多赢局面，从而获得在媒介化进程中激活和整合相关社会资源的强大能力。

第四节　服务三农新媒体平台的构成模块

媒体平台是一种集成传媒产业链中各个模块的中间性组织。模块是承担特定功能的主体，并与其他模块对接、互补，最终实现媒体平台的整体功能。模块化（modularity）是一种用来有效组织复杂产品和进程的战略。设计师通过将信息分割为可视化的设计规则和隐性的设计参数实现模块化。只有当这些分区是精确、明确且完整的时候，模块化才是有利的。所有平台背后的基础结构层和逻辑层是基本相同的，即"由一组具有少数变体的'核心'组成部分和一组与之互补的具有多个变体的'周边'组成部分构成。那些少数变体的部分构成平台，通过隐性或显性建立的系统接口动态调节不同部件之间的交互规则"[①]。

媒体平台往往是跨媒体、跨行业、跨区域的媒介组织。各个垂直细分领域的模块同时为多家机构服务，而媒介组织也可以从众多的模块中挑选适配的服务。模块是媒体平台组织架构的基本构成元素，"它们在特定的位置承担着特定的功能，通过权威机制和价格机制来协调内部生产、组织产业分工和开展多边市场交易"[②]。模块与模块之间通过对接与互补，最终实现媒体平台的整体功能。

媒体平台通常由大系统—子系统—模块—产品（应用）构成。其中，大系统，即平台层面；子系统包括系统基础平台、业务应用平台和外围合作平台；模块则是媒体平台的成员，它们参与产业链上中下游各个环节的连接与重构，扮演着技术提供商、内容提供商、服务提供商、渠道运营商、终端制造商或者平台用户等不同角色，提供技术支撑、内容聚合分发、即时通信、电子商务、人力资源、网络游戏等不同的应

---

① ［美］桑基特·保罗·邱达利等：《平台革命：改变世界的商业模式》，志鹏译，机械工业出版社 2017 年版，第 54 页。

② 王长潇、李爽：《视频媒体会聚型融合平台的发展模式》，《当代传播》2016 年第 7 期。

用。电视媒体在平台化转型过程中，会根据自身的业务构成与发展规划设计平台的组织架构。笔者根据垄上平台当前的业务构成与布局，做了一个简洁的平台业务架构（见图4-5），并根据它来对垄上平台的子系统模块、大系统模块，以及模块运行要素——"平台规则"进行具体分析。

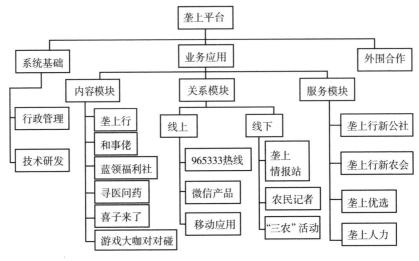

图4-5　垄上平台的组织架构

一　子系统模块

子系统模块是产业链上中下游各个环节的参与主体，即产业链上的技术提供商、内容提供商、服务提供商、渠道运营商、终端制造商或平台用户等角色。比如，腾讯联盟是一个提供新闻、视频、社交、游戏、电子商务、广告等不同业务的媒体平台，囊括了海量的网站与软件，以及电信运营商、电脑和手机终端等供应商，以及无数的广告主。通过超级链接与各种应用，这些模块对接与互补，组织协调媒体平台内部生产、分工和开展多边市场交易，最终形成一个平台生态圈，所有参与主体都能各取所需，实现共建共享共赢。

由于本书篇幅与研究主题的限制，笔者对垄上平台子系统模块的分析主要围绕"业务应用"这部分来展开。垄上平台下层的"业务应用"包含内容模块、关系模块和服务模块三个部分，这三个模块都是垄上平台的子系统模块。内容模块即围绕垄上频道品牌栏目《垄上行》打造内容产品线，通过各类对口、亲民的节目持续提升品牌公信力和号召力，以此聚集农资领域各方资源，它是垄上传媒整个平台系统的运作基础；关系模块通过拓展线上线下渠道，将信息闭塞的农民纳入到平台的互动关系网络中，与上下游企业或商家实现无障碍沟通，是农业产业链上下游供需对接和需求响应的重要抓手；服务模块的作用即在内容模块聚集资源和关系模块沉淀数据、转换角色的基础上为供需双方提供精准服务从而实现价值变现。三个模块及其下设应用内容相互融通、相互依存，共同构成一个完整的业务系统，同时也是垄上平台的运作主线。

二　大系统模块

虽然子系统层面的模块能够形成专业化分工，但是它们各自为政，需要大系统层面的模块来整合协调各子系统模块。大系统层面的模块按不同功能可分为：技术模块、服务模块、系统集成与检测模块，主要用来整合各子系统模块并支持整个媒体平台有序运行。大系统层面的模块按照不同的功能可以分为以下三个类型："为各方主体的接入、共存、交互提供物质基础的技术模块；为媒体平台功能的发挥、价值的实现提供一系列配套条件和措施的服务模块，它包括即时通讯、检索、数据库等应用；让各生产要素都能按一定的标准和程序进入到平台中，并按平台的运作规律产生社会效益和经济效益的系统集成与检测模块。"[1] 当然，不同类型的媒体平台会根据自身的业务领域对大系统层面的模块进行相应的调整。

"掌上垄上行"App 自开发之初，就是被当作综合应用服务平台打造的，所以，笔者认为"掌上垄上行"App 这个虚拟空间与"垄上频道"

---

[1]　郑爽：《媒介平台理论初探——一种新媒介组织的思考》，硕士学位论文，暨南大学，2011 年，第 36 页。

这个实体空间共同构成了服务三农新媒体平台，即"垄上平台"，如图4-5平台下设的系统基础、业务应用与外围合作三个部分共同构成了垄上平台的大系统模块。笔者将作为物质基础的技术研发部分与支撑平台运作的行政管理部分统称为"系统基础模块"，将直接对农、面向用户的内容模块、关系模块与服务模块统称为"业务应用模块"，将对外合作的部分统称为"外围合作模块"，而庞杂的子系统模块就在这三个大系统模块的整合下，有序地开展各自的工作。

三 平台规则

要使各个模块发生作用并与整个平台形成联动，还有一个不可忽视的构成要素——"规则"。① 媒体平台的规则主要包括价格结构、声誉机制和大数据智能监控等方面。价格结构是多边市场的关键特征，它是指平台企业向参与在线市场交易的买卖双方分别收取的费用之间的关系，往往选取交易中的一方作为多边市场的补贴方。价格结构究竟是偏向买方还是卖方，主要由交叉网络外部性中双方的黏性大小决定。就垄上平台而言，在运营初期，为了推广平台，积累双边用户，会采取双边补贴策略；到成熟运营期，积累了一定用户后，只需通过单边补贴来维护用户黏性和竞争优势。垄上平台服务使用者和提供者是不断变换的，比如，在农资产品采购阶段，农民是需求方，农资产品销售商则是服务方，需要对农民进行补贴。在农副产品销售阶段，农民成为服务商，农副产品采购者则成为需求方，则需要对采购商进行补贴。

平台的特殊性凸显了声誉机制的重要性。声誉机制是以信息的反馈和传导为控弦，在多边市场表现得尤为明显。消费者购买商品后可对店家的服务、商品质量以及快递情况等进行评论反馈，其他用户会根据评论信息来判断是否要购买。平台的声誉机制可以降低买家受欺诈的风险、

---

① 谭天教授认为"规则"是各模块之间、模块与平台之间发生关系的一套方法，它是平台中各方主体做出决策的依据，承担平台内外关系的链接、转换和创新的重任。谭天：《媒介平台论——新兴媒体的组织形态研究》，中国人民大学出版社2016年版，第50页。

增加卖家的销售机会、减少政府的行政干预。当然，实践中也存在操纵声誉的情况，比如向第三方购买刷单、删差评等服务，通过红包或骚扰手段让买家给好评、删差评。垄上平台是一个主要面对农民、面向农业市场的平台，它致力于为农民提供优质的公共服务。在平台规则设计过程中，需要借鉴天猫、京东等传统电商的声誉机制，激励买家做出评价，加强对买卖双方的评价管理，也可以尝试和第三方声誉平台合作，保证交易的顺利开展，形成良好的交易环境。

基于大数据技术的用户画像有助于买卖双方之间的精准匹配和动态定价，优化平台收益；基于用户信息反馈，平台可以完善并改进产品和服务，更好地满足用户需求；基于对结构化、非结构化数据的深度挖掘，平台可以有效规避交易风险，保证用户利益和平台的信誉。垄上平台要充分打捞线下活动、热线平台、线上新媒体矩阵所产生的多样化数据资源，加强大数据技术在精准营销、动态定价以及交易风险管理等方面的应用。

总之，垄上传媒在构建媒体平台的过程中，将频道自身不具备竞争优势或竞争力较弱的增值业务和功能性业务外包给专业机构，使垄上传媒成为以媒体为核心，具备资源聚集能力和业务吸附效应的三农资源整合平台，获取竞争优势并弥补自身不足。垄上传媒围绕内容产品模块、关系产品模块和服务产品模块构建业务应用平台，依托节目生产做强内容品牌，通过线上线下的关系产品激活线下渠道的吸附力和产品服务力，借助全媒体生产能力、多渠道传播能力和立体化运营能力，加强与系统基础平台和外围合作平台的开放合作，最终建构起服务三农的新媒体平台。依托这个平台，垄上传媒积极构建垄上服务三农的媒介生态，通过做大做强垄上频道内容平台来集成农业产业链的上下游资源、边际资源，这些资源成为垄上平台生态体系的重要组成部分。

第五节　服务三农新媒体平台的核心功能

平台是一个复杂多维的系统，平台将生产者和消费者连接起来，并能够让他们交换价值。在每一个交换过程中，生产者和消费者主要交换三样东西：信息、商品或服务，以及某些形式的货币。核心交互（core interaction）是平台内部活动的最重要形式——它就是价值的交换，能够在第一时间将多数用户吸引至平台上。桑基特·保罗·邱达利认为核心交互有三个关键要素：参与者（participants）、价值单元（value unit）和过滤器（filter）。其中，核心交互的参与者是创造价值的生产者和使用价值的消费者。正如前文所述，同样的用户在不同的交互中可能会扮演不同的角色。价值单元就是在交换过程中对用户有用的信息。过滤器则是有着严格算法、以软件为基础的工具，平台会用它来完成用户之间价值单元的交换。

对于服务三农的新媒体平台而言，参与者就是"三农市场的需求方"和"三农市场的服务方"，他们都是垄上平台的"使用者"，双方对于垄上平台的发展具有等量贡献，垄上平台必须同时吸引这两方面不同的用户群体以维持平台的可持续发展。同时，"三农市场的需求方"和"三农市场的服务方"两者可以实现关系转化和角色互换。比如，在农资产品采购阶段，农民是需求方，农资产品销售商则是服务方。而在农副产品销售阶段，农民成为服务商，农副产品采购者则成为需求方。这种需求响应必须在角色互换中产生，并在互换中为媒体平台创造出新的价值。只有垄上平台提供的信息产品、社交产品和商务产品尽可能多地满足用户需求，提高用户效率且为客户带来价值增值，才能实现平台运营者、用户和客户的多赢局面。价值单元就是农域市场产业链上下游各参与主体在农村公共服务电视平台交换的各类资源，可以是实体的实物形态，也可以是虚拟的信息形态。诸如农资产品、市场行情信息、医疗信息、就业信息、金融信息等。过滤器就是让农域市场产业链上下游主体有效匹配的技术设置。因此，服务三农新媒体平台通过提供方便且易于联系和交换的工具与规则来促进交互的交换。这些交互信息有利于提升生产者和消费者的匹配效率，从而实现平台双方或多方的价值增值。

为了拥有更多有价值的核心交互，媒体平台必须发挥三个关键功能，即吸引（pull）、促进（facilitate）和匹配（match）[1]。首先，媒体平台只有把供给方和需求方吸引到平台，才能使核心交互得以发生。否则就无法产生积极的网络外部效应。其次，媒体平台要为供需双方提供简便、易于连接的工具和规则来促进核心交互完成，否则落后的技术和限制性的政策会使参与双方或多方丧失吸引力。最后，平台引导供需双方或多方精准匹配，共同实现价值，否则只会浪费参与者的时间和精力，使交易不了了之。

一　吸引：聚合"三农"市场资源

尽管传统媒体也能聚合资源，但由于缺少互联网优势，聚合范围、规模和能力受到种种限制。进入移动网络时代，传统媒体面临"失去入口""被边缘化"的局面。尽管电视媒体在理论上连接了最广大的受众和最丰富的内容，但是却没有连接资金、物资、服务，特别是大数据等全媒体时代最核心的资源。习近平总书记提出要建设"四全"媒体，就是要汇聚全资源，开发全资源。

对于服务三农新媒体平台而言，要吸引、聚合的资源主要包括以下几方面。

（一）电视媒体内部资源与外部资源的聚合与开发

电视媒体其实有着相当丰富的内部资源，如内容、社会网络、品牌、公信力等。电视媒体的平台化转型意味着要打通内外资源壁垒，对接更多的新兴媒体和新兴外部资源。习近平总书记要求，"媒体融合发展不仅

---

[1]　［美］桑基特·保罗·邱达利等：《平台革命：改变世界的商业模式》，志鹏译，机械工业出版社2017年版，第43页。

仅是新闻单位的事，要把我们掌握的社会思想文化公共资源、社会治理大数据、政策制定权的制度优势转化为巩固壮大主流思想舆论的综合优势"。① 媒体融合搭建的平台，在聚合新闻信息的基础上，还要聚合社会服务、文化旅游、教育、卫生健康、体育等各种公共资源等，聚合社会治理大数据，同时还要聚合政府与百姓双向的决策互动、政策落地执行等资源，实现"新闻+政务+服务+商务"的全业态融合发展模式。

（二）横向资源与垂直资源的聚合与开发

电视媒体的融合发展需要建设纵横联动的矩阵体系。一方面，服务三农新媒体平台要横向打通农域市场产业链上下游的多元化资源；另一方面，还要精耕细作各个垂直细分领域资源。服务三农新媒体平台通过做大做强垄上频道内容平台来集成"三农"生产的上下游资源、农业边际资源，并使这些上下游资源成为垄上平台生态体系的重要组成部分。

（三）本地资源与跨地域资源的聚合与开发

电视媒体按照覆盖地域空间的不同，可以分为全域媒体和区域媒体，这两种媒体所占有的资源既有区分又有重叠。媒体平台把区域媒体覆盖的本地资源和全域媒体覆盖的跨地域资源有效聚合与开发，可以充分发挥集成优势、实现媒体价值增值。垄上频道扎根江汉平原的农村市场，依托地域特色产业，瞄准媒体服务三农的一片蓝海，搭建农业产业服务平台，在提供整合服务上获得盈利能力。垄上传媒连接湖北省市乃至县级媒体的"三农"市场资源，打通农业产业链上下游各环节、共享并开发农域市场的双边或多边用户，在提供供需精准适配的基础上实现价值共创共享共赢。

（四）技术、内容、服务资源与用户资源的聚合与开发

作为媒体平台，技术资源是基础，内容和服务是核心，用户是根本。服务三农的新媒体平台既要拥有适用、实用的技术体系，能够适应"三农"市场各种变化和需求；又要生产有用、有效的内容服务和各种垂直

---

① 胡正荣：《全媒体平台要做到资源全面聚合与深度开发》，2021 年 8 月 31 日，https://www.sohu.com/a/343389195_247520。

服务，覆盖农域市场各个圈层；还要建构、维护、深耕与"三农"相关联的用户群，保证社会效益和经济效益的可持续产出。一个聚合技术、内容、服务资源和用户资源的媒体平台才能进化为有生命力的媒介生态圈，才能做大传播力、深化影响力、落地引导力、提升公信力。

二　促进：响应"三农"市场用户需求

与传统的线性管道商业模式不同，平台通过设定一些创造和交换价值的机制，并制定规则来管理而不是控制整个交互过程，进而实现价值，这就是促进的过程。促进的实质是要让生产者更加方便地创造和交换商品与服务。从某种程度上看，媒体平台正是为了响应用户需求而存在的服务载体。

媒体平台对用户的需求响应不是单向固定的，而是双向交互的。关系转换和角色转换都是媒体平台的主要功能，前者是媒体平台的内部机制，后者形成媒体平台的外部关系。媒体平台对用户的需求响应必须在角色互换中产生。只有媒体平台提供的信息产品、社交产品和服务产品尽可能多地满足用户需求，提高用户效率且为客户带来价值增值，才能实现平台运营者、用户和客户的多赢局面，获得在媒介化进程中激活和整合相关社会资源的强大能力。

对农电视节目普遍面临"吃力不讨好"的问题，很多对农电视节目往往得不到广大农民的欢迎，得不到上级领导的重视，得不到广告商的青睐。垄上传媒不断研发新的节目表现形式和内容生产方式。对农新闻节目和对农科教节目是全国大多数农业频道、农业节目的内容定位，但垄上传媒却另辟蹊径，在农民的原生态生活中寻找内容创新空白点，创办了指导农事气象的《垄上气象站》、方言新闻《有么子说么子》、引导农民发家致富的《致富加油站》、专注农村电视公益的《温暖到农家》、讲述草根故事的《垄上故事会》、帮助农民朋友征婚交友的《唐婆说媒》等特色对农电视节目。另外，垄上传媒还瞄准对农综艺节目匮乏的市场空白，筹建垄上行农民艺术团，深入农村、田间地头表演多场大型歌舞晚会，及时响应并满足了农民群众的信息服务需求和精神文化需求。

垄上传媒不断研究农村受众市场的新变化和新需求。长期以来，农村受众都处在"弱势的传播活动参与者""被动的信息产品消费者""无能的传播符号译码者""低效的传播效果反馈者"等不利地位，他们的媒介使用需求常常被忽略或者被误解。随着返乡的外出务工人员的增多，当地农民工结构发展变化，出现了新型职业农民并延伸出新的服务需求。习近平总书记在参加 2017 年"两会"四川代表团审议时指出，要就地培养更多爱农业、懂技术、善经营的新型职业农民。新型职业农民概念的提出，意味着"农民"是一种自由选择的职业，而不再是一种被赋予的身份。"大力培育新型职业农民是建设新型农业生产经营体系的战略选择和重点工程，是促进城乡统筹、社会和谐发展的重大制度创新，是转变农业发展方式的有效途径，更是有中国特色农民发展道路的现实选择。"①

垄上传媒除了强调内容上的必看性，积极响应"新型职业农民"新兴涌现的服务需求，开展农资布局、绿色农产品销售、农村信息资讯服务、农村保险和小额贷款等多项服务业务，打造传媒农业产业链。垄上传媒不断拓展传统电视的传播边界，打通与农村市场相对应的城市市场的供需对接通道，将城市观众培养为农副产品的消费者、农资产品的供应者、就业信息的提供者等角色。以垄上传媒旗下的"打工服务社"微信公众号来说，传统的代招、劳务派遣、劳务外包只是打工服务社的切入点和基础业务，等农民工用户积累到一定的规模后，为其定制提供的培训、创业、政府购买服务、金融服务等增值服务才是其核心业务。此时，"打工服务社"微信公众号与人力资源产业跨界融合，共同利用媒体品牌、客户系统、导流、关联来建构经济效益和社会效益的双赢模式。

三　匹配：创造多元价值

商品与服务能够被交换的重要前提是平台能够精确匹配用户。平台获得的信息越多，收集、组织、分类、解析数据的算法设计得越好，过

---

① 潘铎印：《大力培育新型职业农民》，《青岛日报》2018 年 8 月 28 日。

滤器越精准，生产者与消费者正确匹配得到的回报就越高。

媒介融合时代，传统媒体面临"被边缘化""失去入口"的危机，人们可以随时随地阅听到海量的信息，那么信息对人的有用性、信息与人的关联性就上升为触发需求的首要因素。关系平台围绕规则、服务和信息生成各种关系，并向所有关系连接者开放，充分发挥关系参与者的核心价值。要实现传播的价值和功能，需要充分考虑人的因素，将信息和服务嵌入到人的社会关系中。这种媒体价值的重构，重构了人与人、人与社会的关联，使具象的人——去中心化的每一个网络节点变成有温度、有情感的连接点。

媒体平台正是媒体价值重构后涌现出的新的传播模式，而"关系"是其中的核心，关系成为内容生产与交换的动力，关系也成为传播的基础设施。建立在受众数据采集与个性匹配基础上的关系消费，是媒体融合转型的重要突破口。社会化媒体借助移动终端成为人性化的媒体形态，加速了内容需求转化为人与人之间相互关系的需求。关系在媒体融合时代已经成为媒体的生产力，加强圈层培育、社群关系建构，以传播机制带动传媒在非内容领域的新业态、新发展，成为社会媒介化重构的核心诉求。

服务三农的新媒体平台依托对农电视媒体的公信力和品牌价值，嵌入社会关系之中。媒体将凭借在地性优势和连接机制，为社会的媒介化进程提供至关重要的关系资源，即应用作为关系表达的内容去激活并形成圈层，创造价值。通过用户数据化、数据节点化，收集农户的信息和动态，牢牢把握用户的需求逻辑。垄上模式的核心价值体现在利用媒体平台的资源聚集能力和业务吸附效应，把农业产业链的上下游资源和边际资源整合进平台化运营之中，以获得竞争优势，打造商业闭环。

第五章　服务三农新媒体平台的运行机制

　　根据全球性创意广告公司维奥思社（We Are Social）和互随社交（Hootsuite）发布的《数字 2022 年：全球概览报告》（Digital 2022：Global Overview Report）显示，截至 2022 年 1 月，全球互联网用户人数在人口总数中所占比例约为 62.5%（49.5 亿），同比增长放缓至 4%。由于新冠病毒全球蔓延，许多国家重新进入封锁状态，但社交媒体用户增长继续呈上升趋势。全球有 46.2 亿社交媒体用户，同比增长 10% 以上，新增 4.24 亿用户，约占全球人口总数的 58.4%。① 根据中国互联网络信息中心（CNNIC）发布的第 49 次《中国互联网络发展状况统计报告》显示，"截至 2021 年 12 月，我国网民规模达 10.32 亿，较 2020 年 12 月增长 4296 万，互联网普及率达到 73%，较 2020 年 12 月提升了 2.6 个百分点；我国手机网民规模达 10.29 亿，较 2020 年 12 月增长 4373 万人，网民使用手机上网的比例达 99.7%；我国农村网民规模为 2.84 亿，占网民整体的 31.3%"②。这些数据至少有两层含义：其一，意味着建立在流量经济之上的移动互联网时代已经到来；其二，基于人口红利增量积累的移动互联网"上半场"竞争已经结束，依托内容和商业价值层面存量竞争的互联网"下半场"悄然启幕。

　　移动互联网的蓬勃发展，终端、内容、社交、服务的交融，造就出

---

① 《数字 2022 年：全球概览报告》，2022 年 5 月 15 日，http：//finance. sina. com. cn/tech/2022-02-23/doc-imcwiwss2396096. shtml。

② 中国互联网络信息中心：《第 49 次中国互联网络发展状况统计报告》，2022 年 5 月 7 日，http：//www. cnnic. cn/gywm/xwzx/rdxw/20172017_ 7086/202202/t20220225_ 71724. htm。

崭新的媒体平台。伴随着传媒经济的迅速发展和媒介融合的不断演进，媒体平台正在崛起并形成传媒新业态。媒体平台经营的是意义产品，编织的是社会关系，为传媒经济的运行提供意义服务。① 尽管内容、社交和服务三种平台各有侧重，但三者的连通、互动，是一个平台强大的基础。

垄上平台的运行逻辑是通过做大做强垄上频道的内容平台来集成三农生产的上下游资源、农业边际资源；通过编织线上线下联动的关系平台沉淀核心用户数据、把握农域市场供需诉求；通过一体化对农服务平台实现供需精准对接和平台价值转化。垄上频道的平台建构主要围绕三条产品线——频道内容产品线、平台数据产品线和农业资源产品线，生成包括内容模块、关系模块和服务模块三位一体的服务三农新媒体平台，从而聚集资源、响应需求、创造价值。本章节主要围绕这三个模块来分析农村公共服务中电视媒体的平台运行机制。

第一节　丰富内容模块：坚持农村电视公共服务定位

中国广播电视公共服务职能的实现，其核心仍在于优质节目内容供给，这是电视作为价值媒体的功能体现。垄上传媒的服务三农新媒体平台与其他三农信息平台相比，最大的竞争优势在于垄上频道多年积累的品牌公信力和号召力。它凭借在地性优势及社会地位授予的优势，聚合人气和资源，这是开展有效服务的重要基础。中国农村是长期被媒体遗忘的蓝海，而电视仍是农村人群最常用的媒体形式，是农村公共服务的重要提供载体。垄上传媒自《垄上行》栏目开办之初，就始终贯彻"全心全意为乡亲服务"的节目定位，坚持用行走的姿态，记录农民的生产与生活，反映农民的所想与所需。经过十余年的发展，垄上传媒已形成

① 意义服务就是通过各种技术手段、服务产品和聚合平台，为传媒经济提供运行的基本条件，并在此基础上形成各种商业模式和经济形态。参见谭天《传媒经济的本质是意义经济》，《国际新闻界》2010年第7期。

定位明确、形态多样的"三农"服务栏目带,坚持平民视角和服务意识,打响对农电视媒体品牌。

垄上传媒自 2002 年成立至今,在农村受众心中具有较强的影响力,并且作为湖北省唯一一个服务三农的新媒体平台,具有先天的区位优势。"全心全意为乡亲服务"是垄上传媒的宗旨,它将农村的生产状态、农民的生活实践全景式地展现于荧屏之上,从直播厅的元素搭配到语言镜头的灵巧运用处处体现出了真实的农村生活,坚持"从农村中来,到农村中去"。垄上传媒利用传统媒体的公信力以及对本土用户需求精准把握的优势,在坚持为农民服务这个核心价值的基础上,通过品牌节目的生产,形成核心竞争力。

一 瞄准农民需求 开办对口栏目

受城乡"二元社会"特征的影响,我国广播电视事业呈现出与之对应的"二元视听群体",即城市视听群体与农村视听群体。广播电视的趋利性使其逐渐向具有高消费能力的城市视听群体倾斜,将受众目标锁定在社会"强势人群",如城市市民阶层、白领和中产阶级等,从而忽略了广大农村视听群体。农村广播电视公共服务的缺位加剧了农民群体的信息弱势,导致横亘城乡之间的"信息鸿沟"难以弥合,城乡之间的差距日益扩大化。要破除这一问题,对农电视就必须回归农村公共文化服务的主体地位。电视媒体是广大农村地区主要的大众传播媒介,在内容建设方面,电视媒体应该结合农民实际需求,加强专业对农电视节目的制作,使对农电视节目实现从无到有、从少量到丰富、从综合化到专业化,打通农村信息回路,将农民培养成农业领域的"信息富有者"。

《垄上行》栏目自开办起,就密切贴近农民群众,以农村为"第一现场",深入了解农民需求,开设"三农新闻""走村串户""致富故事""农民维权"等对口子栏目。垄上传媒紧跟时代发展和农民需求变化,不断优化和拓展节目内容,在满足农民信息需求、丰富农民视听节目形态的同时实现了从"栏目"到"频道"的大跨步。目前,垄上频道全天 24

小时播出，其中自办节目时长 295 分钟。表 5-1 显示，当前垄上频道自办节目涵盖"三农"政策解读、农技知识、农副产品产销资讯、农村医保、法律咨询、人民调解、打工就业等内容，精确识别并紧紧围绕农民的产销难、看病难、维权难、就业难等所急所需问题，开办对口栏目，致力消解政府与农民、政策与市场之间的信息不对称，为提供精准对农服务、优化农村电视公共服务打下了坚实的基础。

　　2020 年新冠肺炎疫情暴发以来，垄上传媒启动疫情宣传与农业抗疫稳产保供一级应急响应，深入贯彻落实习近平总书记和省委省政府统筹推进新冠肺炎疫情防控和经济社会发展工作精神，推出《荆楚农时课》全媒体访谈节目，邀请农技专家开展农业分类指导、精准施策。节目从田间管理、早稻种植、蔬菜茶叶水产、农资农机、涉农政策等方面"战疫情保春耕"。该专题节目通过广播、电视、新媒体多屏联动传播，并在长江云 App 等 120 个地方政务客户端以及新华社现场云平台同步直播，为湖北 4000 万农民提供春耕实用农业技术和农事信息服务。"截至 4 月初，《荆楚农时课》共推出 18 期广播电视专家访谈节目、48 期网络直播课，短视频 876 条，农技资讯 238 篇，总观看人次近 1580 万，总互动次数近 58 万。"[1] 疫情影响和新型职业农民对农技知识需求上涨的相互叠加，使得通过媒体融合和新技术手段协同，专家示范与农户实践结合的对农信息服务内容和模式正在发挥积极作用。

表 5-1　　　　　　　　　　　　垄上频道自办节目一览表

栏目名称	播出时间	栏目定位	栏目形式	渠道延展
《垄上行》	日播 20：00—21：10	对农综合服务节目	产业政策解读、民生新闻、主题报道、农技指导、生活服务、垄友圈互动话题等	垄上频道、湖北网台、湖北三农热线、微博、微信、斗鱼直播

---

　　① 毛莎、刘沐：《创新打造疫情防控与转型发展的融媒生态圈——以湖北长江垄上传媒集团疫情防控与转型探索为例》，《新闻前哨》2020 年第 6 期。

栏目名称	播出时间	栏目定位	栏目形式	渠道延展
《和事佬》	日播 19：34—19：59	现场调解类节目	现场调解+活动策划、和事舞、姐妹旅行团	垄上频道、湖北网台、湖北三农热线、腾讯视频、爱奇艺、微博、微信、斗鱼直播
《蓝领福利社》	日播 12：38—13：08	农民工求职培训的服务性节目	分设送岗位、送福利、工友好姻缘、打工云地图、律师说法、创业项目推荐等版块	垄上频道、湖北网台、湖北三农热线、职来宝App、微信、腾讯视频、斗鱼直播
《寻医问药》	日播 12：00—12：35	医疗服务类节目	分为天下药闻、垄上卫生室、就医那些事、我的健康经、热线互动五大版块	垄上频道、湖北网台、湖北三农热线、微信公众号
《喜子来了》	日播 19：08—19：33	生活服务类节目	美食的发现分享、百姓生活故事分享、相亲环节、亲子旅游等	垄上频道、湖北网台、湖北三农热线、微博、微信、斗鱼直播
《游戏大咖对对碰》	日播 22：48—23：18	电竞游戏类节目	网络同步游戏、有奖互动	垄上频道、湖北网台、湖北三农热线

二 立足农民生活　创新节目形式

"农民工"是中国特定历史时期出现的以农民身份担任工人职责的一个特殊社会群体,这个庞大的社会群体是我们健全农村公共服务体系的工作重点之一,也是我国农村广播电视公共服务不可忽视的服务对象。

垄上传媒始终立足农民生活,不断创新栏目形式。《蓝领福利社》栏目创新选拔知人情、知冷暖、热心为农民工服务的"农民工星主播",打造农民工"代言人",为农民工兄弟送技能、送工作、送关怀,搭建起垄上传媒与农民工群体之间的连心桥。《和事佬》栏目注重挖掘现场调解中的民间智慧,寻找和蔼可亲、能说会道、知情懂礼的"民间和事佬",组建志愿服务队专门调解社区和村湾里的"麻烦事",倡导以和为贵的社会风尚。《和事佬》栏目团队还自创自编"和事舞",组建社区广场舞团队,定期发起主题鲜活的广场舞展演,引领社会主义新农村的新风尚。

《寻医问药》栏目追踪全国热点医疗话题、分享发生在乡亲身边的医疗故事以及健康养生经，打造省内首个全媒体分诊就医平台。"乡土气息、乡亲本色"成就了垄上表达态度、传递温度、凝聚能量的频道价值。垄上频道除了常规性电视节目的制作以外，还在节目与活动、活动与服务、服务与娱乐、娱乐与本土结合方面下功夫，积极探索节目形式创新。

（一）农技比赛类节目

农技比赛是垄上传媒举办的特色活动，一方面可以加强与农民的情感交流，展示"新型农民"的劳动技艺与精神风貌；另一方面也可以从农民热火朝天的生产实践中为垄上传媒汲取源源不断的节目创作素材。"机王争霸赛"是垄上传媒的代表性农技比赛类节目，这项电视竞技比赛创办于2016年，垄上传媒联合湖北省农业厅、湖北省人社厅、湖北省农机局、湖北省农机技术推广总站等单位，选拔一批具有"工匠"精神的农机手和农机化技术推广员。"机王争霸赛"集中展示拖拉机手"穿针引线""蛇形垂钓""精准植保捉虫"等拿手好戏、农机"快修手"在半小时之内快速拆装拖拉机发动机、植保无人机手超视距飞行、雾滴沉降质量挑战等精彩绝技，获胜选手将赢得总价值超40万元的丰厚奖品。"机王争霸"既让湖北农机手了解到最新的农业机具，又展现了新时代农机技能高手的职业理念和操作能力，传递了湖北农业机械化发展的正能量。

（二）非遗保护类专题报道

非物质文化遗产是传承了几千年的优秀传统文化的表现形式，从人民的生活中提炼，又与人民的生活息息相关。自2006年至2014年，湖北省共有127项被确定为国家非物质文化遗产，但是长期以来缺少关注，更缺乏保护。这些非物质文化遗产大多保存于农村，面临的最大问题是难有传承人。中国经历了一个前所未有的城市化进程，超过八亿人长期居住在城镇，"乡土中国"已然转型为"城市中国"。与此同时，大量城市移民，使农村村庄"空心化"现象十分严重。垄上传媒在2019年暑假档制作了系列报道"探访古村落"，节目共分为五期，以外景记者崔建宾的第一视角全方位展现蕴藏在古老村落建筑中耐人寻味的故事。许多村落还保留着过去的样子，它们有着属于过去人们的社会、文化和纪念性意义。在城镇化的过程中留住它们，才能留住我们的乡愁，使乡村记忆在新的时空条件下产生新的凝聚力。

（三）帮扶类节目

垄上传媒始终坚持"全心全意为乡亲服务"的宗旨，以电视媒体力量整合社会资源，扶弱助困，架起服务三农的"连心桥"。垄上频道的帮扶类节目主要有"垄上公益课""垄上少年强""圆梦垄上"等，主要帮扶对象为留守儿童、家庭贫困的农村大学生以及农产品滞销的农户。2017 年，垄上频道联合武汉大学社会保障研究中心开展留守儿童暑期田野调查，在全省同步开展"垄上少年强公益小天使"的选拔活动，历经 3 个半月评选出 1300 多位公益小天使，共同参与城市和农村的小天使"手拉手"社会公益活动，帮助农村留守儿童获得自信力和创造力教育。

另外，垄上频道特别策划"垄上行·暖冬行动"大型公益活动。自 2013 年以来，垄上传媒联手广东省湖北商会等多家爱心单位，连续 7 年在春节期间，通过"爱心返乡""平安回家""幸福回家""送温暖""捐赠科普图书"五大计划，以不同的方式为湖北籍在粤务工的低收入老乡、困难大学生、留守儿童带去关爱和温暖。党的十九大报告首次提出"乡村振兴战略"，湖北省政府工作报告也指出，实施乡村振兴战略，要大力实施"三乡工程"，即"市民下乡、能人回乡、企业兴乡"。"三乡工程"是打通城乡壁垒、整合农业产业链上下游资源、助力乡村振兴的政策利好。2019 年的"暖冬行动"精心打造"爱心返乡"计划、"幸福过年"计划、"回乡兴乡"计划和"脱贫攻坚"计划四大板块，以垄上传媒的媒介议程设置为契机，使各类资源和目的地连接、聚集和整合，引导更多的湖北人才关注家乡发展，投身家乡建设，为推动实施乡村振兴战略做出应有贡献。

三　坚持平民视角　创新传播语态

对农电视媒体的受众定位是广大农民群众，而节目制作团队大多是同农民有着巨大生活背景差异的城市人群，身份上的"鸿沟"使他们在节目制作中更容易出现以"我"为主的视角错位。垄上传媒始终将垄上记者住农村、下田地作为工作日常，督促他们以"平民化视角"做好农民服务。同时，垄上频道的定位是"全心全意为乡亲服务"，从"农民"到"乡亲"，一字之差，态度和温度大不相同。平民化视角带来传者身份的变化："我们不是记者，是替乡亲们跑腿的"；平民化视角带来传播内容的变化：从"让农民知道什么"到"乡亲想知道什么"；平民化视角带来传播语态的变化：坚决杜绝大话套话空话官话，让电视语言充满农村符号。

垄上频道坚持"全心全意为乡亲服务"的栏目宗旨，栏目中常见的是说家事、唠家常，贴合、贴近老百姓的生活，注重富有平民化、亲和力的话语表达。垄上传媒主持人崔建宾曾经谈起，垄上频道的记者与别的栏目的主持人不同之处在于要经常性地下到田地里和农民师傅一起劳作，有了真正的体验也会有自己真切的感触。

垄上频道注重平等的对话机制，在传播姿态上放低了自己的身份，学会倾听。如在处理民事纠纷时，垄上频道的记者会站在中间立场对事件双方进行采访，让涉事双方都有表达己见的机会。在纷繁复杂的意见中找到事件最根本的矛盾点，回归到对事件核心利益的探讨中来，深挖新闻背后的来龙去脉，记者适时点评，将冲突的双方引到可以调节的轨道上。非语言符号也是垄上频道常见的展现方式，拍摄采访对象的姿势、面部表情、神态等，垄上频道一贯使用定镜头，通过三秒钟的定镜头间接告诉受众发生的事实，展现与采访对象平等对话的姿态和客观公正的态度。

孙玉胜在《十年——从改变电视的语态开始》一书中提道，"中国电视新闻改革在理念上是从实验与电视观众新的'说话方式'开始的"。电视语态是指"电视使用的话语形态和相关表述态势，包括话语体式、语汇体系、表达情态和传播方式等"。① 中国电视语态的每一次演变都是一种跨越式创新。"新华体语态"，流行于 20 世纪 80 年代以前的传播语态，强调拽大词、高八度、排比句式的新闻文体，它象征着权威和可信度，是一种居高临下的"官本位"的传播语态。随着媒体本位意识的觉醒，肇始于 20 世纪 80 年代的"媒体人语态"诞生。它体现了记者对新闻背后的事实真相孜孜以求的追问与思索。《大学毕业生成才追踪记》（1985 年）、《第五代》（1986 年）、大兴安岭火灾三色系列报道（1986 年）、《关广梅现象》（1987 年）、《命运备忘录》（1987 年）等报道成为承载"媒体人语态"的代表性作品。1993 年，中央电视台早间电视新闻杂志节目《东方时空》开播，开创中国电视新闻改革风气之先。此后，《焦点访谈》《实话实说》《面对面》《新闻调查》等一系列电视栏目接力登场，掀起"受众本位"的变革，产生与之对应的一种新的传播语态——"平民化语态"，探索从"新华体"向"中新体"转变。"平民化语态"的表现方式为，"叙述的态度应该是真诚平和的，叙述的内容应该是观众关心和真实的，叙述的技巧应该是有过程和悬念的，叙述的效果应该是具有真实感和吸引力"②。"平民化语态"不仅是一种报道文风，更是一种价值观。它开创了中国新闻说人话、说真话的崭新时代。

21 世纪以来，数字化、社交化的传播渠道催生全新的传播模式，带来传播语态又一次革新，人们开始了身在其中、感同身受的融入互动式传播。传者与受者之间的界限消失，大量"卖萌""年轻态"的网络流行语在社交媒体大行其道。有学者把"传者、受者之间采用互动语气、交流陈述的方式称为'互动'语态"③。这种"互动语态"颇受年轻受众青睐。作为互联网原住民的年轻网民不仅有获取新闻信息的需求，还有

---

① 应天常：《回归人性的电视语态变革》，《南方电视学刊》2010 年第 3 期。
② 孙玉胜：《十年：从改变电视的语态开始》，人民文学出版社 2021 年版，第 56 页。
③ 陈昌凤：《社交时代传播语态的再变革》，《新闻与写作》2017 年第 3 期。

情感表达、自娱自乐的需求，"互动语态"既是媒体的运营技巧，让媒体内容能够破"次元壁"传播，又是一种对网络亚文化的认同与收编。"互动语态"在字里行间体现出一种互动、分享的技术感，来自用户、贴近用户的鲜活信息，更容易引起受众的情感共鸣。当然，"互动语态"的创新变革不是要嘴皮、纯卖萌，而是"要有新的理念和相应制度做支撑，谨防新旧媒体平台的语态反差导致机构形象的断裂，警惕语态变革滑向泛娱乐化的陷阱"①。总之，"互动语态"意味着用网友喜闻乐见的叙述方式和叙述态度去做专业化的文章。

2020 年新冠肺炎疫情是一次重大突发公共卫生事件，对我国医疗卫生体系提出重大挑战，也对我国经济社会造成较大冲击。3 月 27 日，中共中央政治局召开会议，明确提到要加快释放国内市场需求，扩大居民消费，并指出要制定专项支持政策，支持湖北经济社会发展。② 在武汉"解封"之后，中央广播电视总台"央视新闻"新媒体启动线上大型公益直播，联合电商平台、生活服务平台与社交平台等，开启"谢谢你为湖北拼单"公益活动。人间段子手朱广权+人间唢呐李佳琦组成的"小猪佩奇"临时卖货组合用"年轻态""接地气"的互动语态引爆网络，为湖北农产品带货超亿元。其中，朱广权带货金句连连："烟笼寒水月笼沙，不只东湖与樱花，门前风景雨来佳，还有莲藕鱼糕雨露茶，凤爪藕带热干面，米酒香菇小龙虾，守住金莲不自夸，赶紧下单买回家，买它买它就买它，热干面和小龙虾……""眼里有月光，看得你发慌，不买都泪汪汪！""吃藕不容易变心，因为奇变偶不变，符号看象限……"此外，朱广权的"你瞅啥""累瘫了"等表情包被网友广泛转发。央视直播带货的实践表明，转变新闻语态和传播方式，用年轻网民喜爱的语言传递主流声音，有利于引发人们的情感共鸣，形成一股社会凝聚力，获得巨大销量和流量。

---

① 彭兰：《新媒体时代语态变革再思考》，《中国编辑》2021 年第 8 期。
② 《中共中央政治局召开会议中共中央总书记习近平主持会议》，2021 年 4 月 7 日，http：//www. xinhuanet. com/politics/202003/27/c_ 1125778940. htm。

四 坚守服务意识 打响涉农品牌

电视媒体是提供农村公共文化服务的重要载体，它利用覆盖优势和传播影响力，成为推进城乡文化一体化发展的综合工具，打通农业信息化"最后一公里"的关键。当前中国特色社会主义进入新时代，广播电视公共服务的主要矛盾已经转化为人民听好看好用好广播电视的需要和不平衡不充分发展之间的矛盾，农村广播电视公共服务的新产品、新服务和新业态的供给潜力没有得到有效释放，难以满足广大农民日益增长和变化的服务需求。农民受众，特别是新型职业农民除了有信息服务需求，还存在农产品买卖、农资供应、求职打工、法律援助、医疗救助等多元化需求，这是单凭信息传播无法彻底解决的难题。那么，大众传媒是否可以从市场角度切入，探索对农服务的新思路？垄上传媒正是以此为契机，由以往依靠消息来源被动生产节目转变为直接介入农业产业链开发主动生产，服务意识的增强带来服务效益的提升。

2017 年垄上频道进驻斗鱼直播平台，致力于推介湖北名优特色农产品和乡村文旅项目。当年，垄上传媒和斗鱼直播平台联手策划推出"喜迎十九大，丰收大湖北"系列直播活动，聚焦咸宁桂花旅游节、"秭归脐橙"文化，打造三峡旅游核心目的地，推动农旅产业融合发展，举办"华农·垄上优选产品农展会"等。垄上传媒还打造"垄上商学院"远程教育服务模式，将水产养殖、畜牧养殖、蘑菇种植、茶叶种植等高附加值特色农业课程同步放置在"掌上垄上行"App 上。这种学习模式既满足了农民群体对于种植养殖方面的需要，也使得农业专家以由点及面的形式扩大知识传播的范围。垄上传媒还开展"垄上公开课"培训活动，面向青少年普及法律、安全常识等方面的知识。

除此之外，《垄上行》栏目站在农业现代化发展的高度，为全省农民提供农业种植、农业养殖、农技咨询、农资购买、农副产品销售等农业一体化的咨询服务，依托在"三农"领域的品牌公信力强势打入农业产业链，培养与农资、农技、农产品相对应的"垄上行新公社""垄上行新农会"和"垄上优选"等多个垄上服务品牌，为农民提供直接的产供销服务。《舌尖上的湖北》不只是一档美食节目，通过发现、制作、分享湖北农村传统美食，宣传乡土文化，打造农副产品品牌，助力农产品产销两旺。《蓝领福利社》以农民工群体作为精准服务对象，成立"湖北垄上人力资源服务有限公司（简称'垄上人力'）"，致力于农民工劳动力市场供需的精准对接。目前，"垄上人力"已经同联想、富士康、美的等30多家大型用工企业达成密切合作，为农民工群体开辟了高效可靠的求职招聘服务通道，帮助大量农民工解决了工作难的问题，并在江汉平原打响了"垄上人力"的服务品牌。此外，节目还为农民工提供讨薪维权、技能培训、情感关怀等多元化服务，深度关注并致力解决农民工群体的一切大小问题。垄上频道凭借"服务三农"的先发优势，垄断了江汉平原乃至湖北"三农"的核心资源，取得涉农行政部门的支持、涉农企业的认可和农民的信任，初步构建了良性循环的涉农生态圈，在实现良好社会效益的同时也带来了可观的经济效益。

第二节　建构关系模块：拓展农村电视公共服务渠道

关系是指事物之间相互作用、相互影响的状态。媒介融合本质上是传播关系的转型。传统媒体的传播关系，表现为信息生产者和消费者之间一对多的大众共享型传播关系。互联网时代，用户同时具有新闻与其他信息生产与消费的双重身份，一种新的媒介角色"产消者"（prosumer）应运而生。社交网络的出现印证媒介即关系，受众需求的融合使得碎片化的受众基于共同的兴趣、偏好和价值取向而"重新部落化"，传统组织化的新闻生产被互联网时代的社会化信息生产所取代。

当百度、阿里、腾讯（BAT）等平台型企业完成对社会生活的基础性连接以后，社会的媒介化生存——线下生活向线上的迁移和迭代，将成为一股势不可当的趋势。尽管百度、阿里巴巴和腾讯等互联网平台具有强大的连接力，但是难以触及线上——更宽、更细和更厚的社会生活关系。在推进社会媒介化的进程中，"传播能起到穿针引线的激活者、设计者、整合者和推动者的作用，促使其在整合和匹配中形成功能、形成价值，构造出新的关系结构和利益分配模式"①。媒介融合意味着从"内容为王"向"关系为王"的转换，它强调媒体变革中关系再造的重要性。媒体不能停留在处理人和内容的关系层面，还应该促进人与人之间从"弱连接"向"强连接"的关系营造。

对于电视媒体而言，"不要将自身的发展仅限在内容生产与社会传播的狭隘眼界中，而应将其拥有的资源、精力和发力重点投向非内容的社会与行业的媒介化重构中"②。通过内容服务实现关系资源整合，而媒体的核心价值就在于整合社会资源来实现关系扩张。关系转换是媒体平台的主要功能之一，如何开发和利用关系资源是传媒业提升传媒影响力与拓展市场空间的重要逻辑。

农村公共服务质量与效率的提升需要构建政府、社会、市场协调推进的整合格局，形成跨地区、跨部门全社会共同参与的多元主体社会共治体系。如何让多元主体协同联动？垄上平台的关系模块作为内容模块和服务模块的连接器，将观众、网民和相关参与者等多元主体转化为数据化的平台用户，让其成为信息提供者、服务消费者和品牌推广者。平台的关系模块成为农业产业链上下游供需对接和需求响应的重要抓手。当然，关系模块不完全是虚拟的，它包括线上和线下，新旧媒体的全渠道对接。目前，根据垄上传媒发展实际，建立起线上与线下交织的立体关系网，主要分为三个层次。

一 线下活动："弱关系"（观众）向"强关系"（用户）转变

传统电视媒体观众流失的原因在于与用户的关系为弱关系，单向度

---

① 喻国明：《新型主流媒体：不做平台型媒体做什么？——关于媒体融合实践中一个顶级问题的探讨》，《编辑之友》2021 年第 5 期。

② 喻国明：《新型主流媒体：不做平台型媒体做什么？——关于媒体融合实践中一个顶级问题的探讨》，《编辑之友》2021 年第 5 期。

的线性传播模式使得关系的维系极为脆弱。大众传播强调的是传播内容的普适性和传播渠道的易得性，在此基础上获得一定规模的受众。而媒体平台与传统电视最大的区别在于从一开始就注重与用户建立供需适配的强关系，致力于为用户提供精准的、个性化的服务。费孝通先生的"差序格局"理论指出，中国社会的现实人际交往以"亲缘关系"作为认知起点，其中强关系的重要程度要明显高于弱关系。在传媒领域也是如此，如何深化受众对媒体的情感认同，形成传受双方的"强连接"，是大众传媒实现流量变现的重要前提。传受双方之间的虚拟关系已成为继血缘关系、地缘关系和业缘关系之后的第四大关系。线下活动是垄上传媒节目影响力和号召力的延伸，电视观众参与线下活动变为节目粉丝，再经过线下培育成为可为节目创收的用户，从而实现"弱关系"向"强关系"的转变。

垄上传媒依托《垄上行》栏目品牌深度整合遍布江汉平原农村的3000多名垄上情报站站长和农民记者。这些三农情报站站长对农村农民了如指掌，把他们充分调动起来，可以发挥极大的传播价值、服务价值和商业价值。垄上传媒在全省范围内多次举办大型"服务三农"的公益活动——"春天垄上行"与"金秋垄上行"。"春天垄上行"的每场活动都会邀请农技专家为垄上乡亲们解惑答疑，省、市各个职能部门也会同步开展帮扶活动。垄上传媒的活动选址也会根据大数据进行详细的分析，选取粉丝最高的地区作为活动举办地，这有助于在短时间内提升整个互动的参与程度。据统计，"《春天垄上行》在直播进行时段省网份额10.62%、市网份额9.76%，在湖北省网、武汉市网均取得了前二的优异成绩"[1]。《垄上行》把栏目内容和品牌公信力作为社会"媒介化"的载体去激活关系、形成圈层。湖北省内的高级农业专家会聚到活动现场，指导农民进行农业科学生产，同时还吸引全国各地农资农机厂商参与，为乡亲们送去大量的优惠与便利。

---

[1]　王凯等：《活动推广助推收视提升——以湖北电视垄上频道为例》，《新闻前哨》2017年第10期。

　　垄上传媒还与华中农业大学签署协议建立联系，由专家示范解决农业生产中的实际问题。同时，垄上传媒还会选取种植大户进行意见征集，农业专家对种植大户进行公开课培训，并且联系有经验的种植能手亲身示范。在新闻报道或活动结束后，垄上传媒还会派专人进行问卷调查，对存在的问题进行改进，线上新闻报道、线下举办活动相辅相成，让农民收益的同时，也让垄上传媒自身的影响力逐渐扩大（见表5-2）。这体现出受众对垄上传媒的品牌信任，有利于增强用户黏度，获取收视效益的最大化。

表5-2　　　　　　　　　　2017年6月18日水蛭观摩会调查表

	地址	意见及建议	有无养殖意向
刘师傅	洪湖市新滩镇	比较满意。但是没有提到养殖生态方面的重点，没有系统地开座谈会了解水蛭的相关知识。	本人也在养殖
刘师傅	沙市观音垱镇	不满意。观摩会有弄虚作假的成分，老板合资没有养殖经验，个人觉得浪费了一次机会挺可惜。	本人养殖了好几年
赵师傅	宜昌市	满意。没有意见。	有意向
彭师傅	宜昌市	满意。没有意见。	有意向
李师傅	沙市观音垱镇新阳	没有意见。比较满意。	有意向
李师傅	观音垱镇五队	没有意见	不确定
王师傅	公安市埠河镇东湖三组	不算太好，但是还可以。跟别的参会的朋友学到了一些技术，但是在商家身上没有学到实质的经验。	非常想养
陈师傅	荆门市沙洋县	满意。学到了养殖的技术和一些经验。但是在水蛭养殖的预防病方面还是做得不好。	本人已在养殖
鲁师傅	公安市毛家港镇	比较满意。学到了养殖的新技术，希望以后可以有一系列水蛭的观摩会。	本人最近打算投资
陈师傅	松滋市沙道观	本人父亲参会，本人未出席观摩会，所以不太了解。	
陈师傅	潜江市熊口农场	不太满意。因为相关的内容在微信公众号、节目的推送上已经有相关的介绍。在预防病、水怎么管控等细节方面做得不是特别好。	打算养殖

	地址	意见及建议	有无养殖意向
侯师傅	潜江市熊口农场	不太满意。观摩会举办的没有亮点和特色，本人在现场提出的问题并没有得到明确的回答，比较含糊。	本人已在养殖
万师傅	江陵县资市镇	相当满意。	本人打算投资
罗师傅	公安县毛家港	满意。	本人在养
蔡师傅	潜江市老新镇	不满意，活动举办的不切实际，没有养殖孵化基地，只是向我们推销幼苗。学到的知识很有限。	本人在养
王师傅	监利县黄穴镇	比较满意。但我的水蛭幼苗死亡率太高，而且没有在观摩会上得到解决。	本人养殖第二年
李师傅	江陵县资市镇	比较满意，学到了水蛭养殖的经验和技术。	近期没有打算养殖
费师傅	仙桃市	比较满意，但是水蛭养殖比较脱离实际。观摩会上讲的水蛭养殖看起来很容易，但是私下从养殖户那里了解得到，其实养殖的风险很大，我觉得不适合我的实际情况。	没有意向
杨师傅	马山镇安碑村	活动办得相当满意。学到了知识，开阔了眼界。	本人有养殖的意向
张师傅	观音垱镇	满意，活动办得挺好的。	正在与人合资经营

2019 年垄上传媒"消费扶贫年货节"系列活动走进机关、食堂、社区，帮助新农人和消费者精准连接，打通城市和农村两个市场，搭建优质农产品和市场间的桥梁，激发全社会参与消费扶贫的积极性，着力拓宽贫困地区农产品销售渠道。2020 年受新冠肺炎疫情影响，湖北特色农产品滞销，在湖北省农业农村厅、湖北省商务厅的指导下，湖北经视、湖北广电垄上频道联合中央广播电视总台央广购物频道，经视团购会，食享会等优质渠道商，建立湖北广电垄上产销联盟，推出"荆楚农优品中国行"，先后通过"武陵山区贫困地区农产品产销对接会""全国农商互联助农直播带货大赛"等全国性活动，将荆楚农优品推向全国。线上线下联动，用"流量"带动"销量"，以购带帮，去除中间环节，有效

实现产销对接，实现消费者和农户双赢，真正让扶贫行动落到实处。

此外，垄上频道还举办了"垄上牛人""我是粮王"与"最美农机手"等主题选拔大赛，鼓励新时代的职业农民大胆走上荧屏、秀出精彩、寓教于乐，在丰富农民群众文化生活的同时，潜移默化地将鲜活的农技经验、农业知识深植民心……各类大中小型线下活动接连举办，走进农村、贴近百姓，不断深化农民对垄上频道的情感认同，为垄上传媒的可持续发展积累了宝贵的公信力和影响力，对促进湖北农村基本公共文化服务的标准化与均等化也发挥了积极的作用。

二 热线平台：沉淀用户数据 寻求价值转化

互联网时代的媒体产业是基于数据库的产业，建立数据库是媒体形成产业价值链，实现可持续发展的必要前提。电视重要的原始数据来源于观众，如何将散落的观众变为有数据化的可控粉丝？

湖北省现有 2000 多个自然村，垄上传媒将每一个自然村看作是一个单位，选择自然村中的意见领袖将其培养成为频道"站长"，站长存在的意义有两点：第一，他是一个信息反馈的端口，作为信息的代理人将自然村中的新闻信息反馈给垄上传媒；第二，记者通过其他渠道获取本地区的新闻题材后，会率先与"站长"联系，由"站长"负责前期的联系采访人、素材整理等工作。垄上站长的建立形成点对点、点对线的全方位布局，将新闻服务带到乡间田野。

垄上传媒建立以 965333 热线平台为数据内核的"中央厨房"，将频道各个栏目与垄上传媒集团各子公司的新闻热线都汇集在此，由专职人员将相关新闻线索同农资、农技、农产品等供求服务信息发送到每个办公平台的信息接收终端。然后各个部门根据岗位与职能对信息进行筛选与处理，再结合具体工作进度将对应的信息处理结果及时反馈给"中央厨房"，形成信息的二次汇总与评估，即对已处理完的信息进行有效数据沉淀，对未处理完或存在问题的信息给予进一步的处理意见。目前，965333 热线平台有 60 个座席，7×24 小时全天候接听农民电话。除了给垄上传媒各栏目提供热线支持外，更重要的是采集垄上大数据，为平台服务提供信息化、动态化的数据支持。以965333热线平台为核心的信息集散枢纽，帮助垄上传媒实现内容生产、客户服务与产业决策过程中的一系列用户数据沉淀，大大提升了垄上频道的资源整合效率，为垄上频道农业产业链的价值转化奠定了坚实的数据基础，使垄上频道的系列产业运作"有据可依"。

此外，河南新农村频道也建立65791999为民热线，为农民在进城务工时遇到的拖欠薪酬问题，以及日常生活中危害自身利益的问题提供发声渠道，出动记者对事实情况进行调查，引起相关部门的重视，切实为农民奔走，解决问题。电话热线作为一种传统的信息反馈机制，凭借其覆盖范围广泛、适用群体多样的优势，与网络信息反馈机制形成优势互补。

三　线上矩阵：拓展传播边界　培养潜在用户

相较于传统媒体，微博、微信等新兴媒体具有更高的信息匹配度、更强的互动性与更快的传播速度。基于这三个特点，新兴媒体往往能够快速地集聚有效用户，并形成基于不同身份、不同爱好的社交圈，通过精准的内容推送与频繁的互动不断加强用户黏性。同时，用户通过互联网实时分享内容又能吸引更多潜在用户。垄上传媒虽然是面向三农、服务三农的地面专业频道，但是必须通过构建新媒体矩阵实现节目内容的全媒体分发，才能拓展传统电视的传播边界，打通与农村市场相对应的城市市场的供需对接通道，将城市观众培养为农副产品的消费者、农资产品的供应者、就业信息的提供者等角色。此外，线上新媒体矩阵是垄上频道发展农民会员、建立相关农业社群，实现农业领域与农业边际市场精准服务的重要端口。

目前，垄上传媒已成立新媒体工作室，开发以服务型、应用型为主的互联网产品，包括"三农湖北""垄上中国"两个互联网产品，《垄上行》《和事佬》《打工服务社》《寻医问药》等频道栏目的微信产品，《最爱广场舞》《三农堂》《垄上新农会》《垄上新公社》等频道品牌的微信产品，"掌上垄上行""蓝领福利社"两款移动应用产品。此外，垄上传媒还对接斗鱼直播平台，借势直播协同频道进行内容生产与拓展传播边界的同时，将部分直播粉丝转化为频道的有效粉丝。垄上频道渠道拓展的总体思路就是先把电视观众变成粉丝，再把散落在新媒体矩阵上的粉丝变成用户，形成线上线下的关系闭环，实现农业产业链供需双方的精准对接。

第三节 打造服务模块：提升农村电视公共服务价值

服务模块是资源聚合、关系转换的落脚点。如何发挥服务效益，强化农村电视公共服务价值？垄上平台的服务模块以媒体品牌为驱动，触发农业产业链裂变，成为平台价值变现的根本。传统媒体特别是那些具有大众媒体特征的泛众媒体，其"内容+渠道"优势已被互联网平台取代。移动互联网的碎片化、多元化、个人化、可连接性的信息生产和消费模式使得传统媒体陷入内容和渠道失灵的窘境，围绕"注意力经济"而产生的二次售卖模式已失去效用，单纯依靠广告作为主要收入来源的营利模式遭遇天花板。移动媒体产品的作用只是实现人与人连接的工具，因此，新业务模式必须建立在人与人连接的基础之上，只有积累了足够多、黏度强、活跃度高的强连接社群，才能为社会的媒介化进程提供动力和资源，以关系平台为纽带带动商业价值变现。打造服务模块应避免"大而全"，在"小而美"上有所突破，利用关系平台的价值，放大内容在关系链上的互动转化效应。

一 垄上平台的服务业务板块

目前，垄上传媒依托"垄上行信息科技""垄上行农业专业合作社联社""垄上优选"与"垄上人力"四大"垄上品牌"，形成了农资销售、农业信息咨询、农产品销售与对农务工一站式服务四大业务板块，初步形成经营规模，未来还将介入农村金融、农村保险等更多业务服务领域。

（一）垄上行信息科技：以"一个中心两类人群"为战略布局

垄上行信息科技依托"垄上"品牌优势，以"田园综合体+N"为核心运营模式，以"TV+互联网"为核心平台，以"农产品"为聚焦中心，以"新农民—城市用户"为重点服务对象，提供品牌打造、电商销售等多维度的综合服务（见图5-1）。

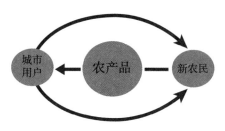

图5-1　"一个中心两类人群"战略布局

垄上行信息科技在乡村振兴战略及"三乡工程"指引下，紧紧围绕"一个中心、两类人群"的核心业务模式展开，为新农民群体提供行业分享会、游学会、线下观摩、农业论坛、"农民丰收节"等各类服务，以乡、镇、村为单位进行特色产品种植及输出，打造一镇一品、一县一业，实现需求驱动后端运营。通过优质内容和品质产品，聚集城乡消费者群体。通过大数据技术对用户精准分类，拉新留存，引导消费和复购安全放心的农产品。通过田园综合体战略定位、区域城市化融合、开发性金融平台搭建、特色产业选择等六位一体全线服务，打通"田园综合体+N"的多元化渠道，延伸服务深度和广度。

垄上行信息科技的核心优势在于农业大数据分析。垄上信息系统统计关键用户信息百万条，涉及32个县（市、区）。2017年垄上行信息科技与湖北省农业厅合作完成农业市场价格预警工作。至今，农情调查相关工作已进行31期，由垄上行新农会基础业务部编撰的具有自主知识产权的《垄上农情调查》已发布18期。垄上行信息科技将与湖北省农业厅紧密合作，在农业样板户基础上，重点构建"垄上农业500指数""垄上农业1000指数"，并与其他商业合作伙伴继续深度合作，为其定制需求分析报告。

（二）垄上农业专业合作社联社：服务农产品生产、加工和销售

垄上农业专业合作社联社以湖北长江垄上现代农业专业合作社为发起单位，在湖北省农业厅的指导下，联合省内6家农业产业链中各重点核心农民合作社和合作社联合社，将联社的经营与湖北长江垄上传媒集团以及各成员单位、关联企业的主营业务深度融合，以农产品为中心，共同致力于联社资源互通、标准共建、品牌共创、渠道共享，共同打造湖北第一、全国领先的农民专业合作社联合社，为湖北省脱贫攻坚与乡村振兴战略贡献力量。

湖北长江垄上现代农业科技有限公司是垄上传媒集团旗下现代农业板块核心产业平台，公司主营"对农信息服务、农民消费服务、农品销售服务"等业务。联社依托湖北长江垄上现代农业科技有限公司及其子公司为联社产业经营主体，协同各成员单位及关联企业，围绕农产品的生产、加工、销售等共同开展业务。

垄上农业专业合作社联社共建一套标准，各类农产品从生产、加工到包装，探索各类农产品生产加工的系列标准。有标准的升级标准，没有标准的建立标准，同时帮助有条件的农产品申报"三品一标"。

垄上农业专业合作社联社各成员单位共享资源渠道。垄上农业公司旗下垄上菱鲜公司以生鲜配送为主营业务，现在服务武汉市机关企事业食堂客户超过380家。垄上优选正在依托社群电商、合伙人和实体店铺，积极探索为城市居民提供优质农产品。此外，垄上集团及各成员单位也与各大商超、电商平台有良好的合作，联社各成员单位可以把资源和渠道整合起来，共同拓展、共同享有。在联社旗下，各成员单位相互之间可以考虑以市场手段实施资本联姻，也可以以联社参股各成员单位（包括垄上农业公司及旗下子公司）。

（三）垄上优选：开辟优质农产品上行通道

垄上优选为垄上农业旗下品牌，垄上优选公司以开发销售湖北地标名优特农产品为使命，经过近几年的探索，基本形成"TV+互联网+CSA社区支持农业"的经营思路和模式。与华中农业大学、武汉大学战略合作，构筑品控品检屏障，甄选臻品；为全省25个国家级贫困县的100个农民专业合作社对接100场武汉市中高档小区的城市社区行、整合湖北全省38个名特优农产品生产基地，严控产品源头，臻品放心选购；征集城市合伙人、城市合作店铺，城乡融通、精准扶贫、全民助农。

垄上优选致力于绿色有机农副产品上行渠道建设。农产品与生活息息相关，所以农产品的安全、绿色、无害、有机格外重要。如今农业已进入品牌农业、资本农业时代，绿色无公害有机农产品深受欢迎，"订单农业"有望成为未来农业形态。垄上优选通过与种养殖大户、专业合作社、中小企业等深度合作，打造湖北农副产品品牌孵化器，再以媒体聚合效应锁定对食材有较高要求的精准用户，为他们提供超高效的优选服务，帮助农民增收、农业增效，形成规模效应以后嫁接周边行业产品实现增利。垄上优选这种"市民—农民"订单农业模式，有助于打通优质农产品从田间地头到城市餐桌的上行通道，实现农副产品产销的精准对接，一方面以食品安全为主要诉求点，为中高端市民消费群体服务；一方面通过品牌孵化、扶持各类涉农经济组织全心全意为农民服务。

此外，垄上优选还探索成立"湖北长江垄上创新创业服务有限公司"，依托湖北长江垄上传媒集团业务布局，面向各类创新创业主体，通过创新与创业相结合、线上与线下相结合、孵化与投资相结合，打造集科技创新、创业孵化、品牌传播、资源对接为一体的新型创新创业孵化服务平台，推动新农人应用新科技、研发新农品、开拓新市场、成就新农企业。

（四）垄上人力：为农民工进城务工提供一站式服务

垄上人力致力于搭建以"求职+社交"为核心的互联网招聘服务系统，在谋求企业发展的同时，不忘媒体人肩负的社会责任，自觉履行公共服务职能。作为全国媒体跨行业发展的第一家人力资源企业，垄上人力依托湖北垄上频道的品牌优势，不仅为农民工提供求职、技能培训、创业指导等一站式服务，也为企业提供人力资源解决方案。

垄上人力借助《蓝领福利社》（2017 年 3 月 28 日由《打工服务社》改版为《蓝领福利社》）栏目的品牌影响力，推出同名微信公众号，聚集节目受众与线上散落粉丝，将他们转化为有效用户，为他们提供求职帮助。2015 年底，又推出"职来宝"App，打造针对全国蓝领群体和用工企业的服务平台："围绕人力资源服务这条业务线，用移动互联网产品做'链接+沉淀'，通过服务终端做'推进+转化'，媒体居于其中提供'传播力+公信力'"[①]，实现农民工与用人企业的精准对接。2017 年，伴随节目调整，"职来宝"App 改版升级为"蓝领福利社"App。除了原有的"招聘"专栏，"蓝领福利社"App 新增了"直播"与"问吧"两个互动板块，为蓝领用户提供便捷的交流渠道；同时还开设了"充电"专栏，为蓝领用户提供工作技能的充电培训服务；此外，还包括生活福利、兴趣社交、公益维权等综合服务内容。垄上人力的线上布局，结合湖北垄上频道《蓝领福利社》日播栏目与 965333 热线平台、线下新公社与垄上情报站服务门市网点形成了对蓝领用户的全方位服务矩阵。2020年新冠肺炎疫情冲击直接冲击企业用工与农民工就业，《蓝领福利社》"推进线上社群运营，搭建县—镇—村三级招聘网络，统一管理和运营；推广招工短视频，开发网络招聘新渠道；以优惠政策引导湖北省内农民工在家门口或武汉就业"[②]。

二 垄上平台的助农直播新模式

习近平总书记在陕西考察时强调："电商，在农副产品的推销方面是非常重要的，是大有可为的。"垄上传媒作为省级主流媒体，坚定不移地把总书记的要求，落实在每一次的扶贫助农直播实践中，为决战脱贫攻坚注入了主流媒体的正能量、新模式，开创了消费扶贫新局面。

---

① 张薇、吴晋娜、李政葳：《这一年，他们如何探索媒体融合创新》，《光明日报》2016年 1 月 30 日第 6 版。

② 毛莎、刘沫：《创新打造疫情防控与转型发展的融媒生态圈——以湖北长江垄上传媒集团疫情防控与转型探索为例》，《新闻前哨》2020 年第 6 期。

直播带货是借助互联网平台发展起来的一种新型商业模式。所谓直播带货，是指"通过一些互联网平台，使用直播技术提供商品展示、咨询答复、导购的新型服务方式"①。直播带货在前期发展过程中主要集中在美妆、服装、家纺、食品等领域。2019年以来，直播带货逐渐渗透到农产品销售领域。2019年1月，淘宝直播与11个省市的代表共同开启了"村播计划"，宣布与全国100个县长期进行直播合作。随后，拼多多、京东等电商平台也纷纷加入助农直播行列，开启系列活动。新冠肺炎疫情期间，在线下门店还未恢复运营的情况下，各地县长市长上阵直播助农，将助农直播推向了高潮。据相关数据显示，2020年4月至6月期间，淘宝网举办超过100场针对湖北地区的助农直播。拼多多与湖北省农业农村厅签署《"乡村振兴及抗疫助农"战略合作协议》，上线"湖北优品馆"。助农直播在疫情期间成为农产品销售的重要渠道，为农产品打开了更多的销路，也为农村电子商务发展提供了新思路。

中央级媒体和各地党报化身带货"KOL"（关键意见领袖），为湖北农产品销售积极造势。其中，新华社客户端推送《在线等，湖北十万吨小龙虾等你下单》，人民日报推出的"买光湖北货——湖北产品爱心网购平台"，中央人民广播电视总台发起的"谢谢你为湖北拼单"，湖北广电垄上传媒发起"战疫心连心助农惠民行公益行动"，向全社会宣传湖北的农副产品，借助舆论的力量来实现媒体的价值引领，助力湖北经济复苏。

面对传播路径变化，电视媒体也主动参与到助农直播当中，湖南卫视联合芒果扶贫云超市、拼多多，推出《出手吧，兄弟!》特别节目，对湖南贫困地区农产品电视直播销售，并取得不菲的成绩。在这次"直播带货"特别节目中，超1亿观众参与，销售额达1.02亿元。而山东卫视联合山东省商务厅、共青团山东省委推出《家乡好物》节目，打造"电视+电商+直播+扶贫"融媒体电商直播节目，探索"大屏电视晒货、小屏直播卖货"的助农直播新模式。每期节目由一位具有影响力的好物推荐人挑选三款家乡好物，三位助力团成员参与晒货表演和好物严选两个

---

① 郭红东、曲江:《直播带货助农的可持续发展研究》,《人民论坛》2020年第20期。

环节助力好物销售，最后由包含电商代表、商超采购、带货主播、消费者在内的 36 位种草团成员投票选出本场家乡认证好物，入选年度家乡十大好物候选名单。《家乡好物》除了在电视媒体播出，也在淘宝、百度App、抖音、快手等平台同步直播带货，开设山东卫视官方淘宝店，进行农产品的销售。

在这波新兴的媒体助农直播带货浪潮中，垄上传媒的表现也可圈可点。它推出《垄上公益课》《致富观摩会》《寻味大湖北》等系列助农扶贫类网络直播广受农户好评。2018 年创新推出的"丰收大湖北"系列融媒体大直播，荣获"湖北新闻奖一等奖"。将"电视"与"直播助农"相结合，带动"直播带货"模式转型升级，为地方农产品的线上销售开拓了新思路，也为对农电视媒体参与助农直播提供了可借鉴的经验。对农电视媒体可借助自身电视资源，寻求与政府相关部门合作，联合电商平台，共同打造高品质农产品"直播带货"项目，助力乡村经济发展。

为让直播更具影响力，垄上专门设计官员带货环节，以政府的公信力为家乡产品赋能。武汉市、恩施州、秭归县、监利县、英山县领导化身为电商主播，通过主播互动+县（市、区）长带货的创新形式，为家乡优质农产品代言。

新冠肺炎疫情缓解之后，垄上传媒迅速联系联合一批优质渠道商，成立湖北广电垄上产销联盟，采用"直播+电商"的营销模式来解决农产品销售难的问题，通过创意营销、直播带货、产销对接等多种形式，以"流量"带动"销量"，帮助一批农产品出村进城，实现消费者和农户双赢，让扶贫行动落到实处。

三　垄上平台的营利模式

垄上传媒通过做大做强垄上频道的内容平台来集成三农生产的上下游资源、农业边际资源；通过编织线上线下联动的关系平台沉淀核心用户数据、把握农域市场供需诉求；通过一体化服务三农新媒体平台实现供需精准对接和平台价值转化。垄上平台让精准扶贫成为新的经济增长点，形成多方共赢的"三农"综合服务平台生态圈。同时，它依托相互融通、相互支撑的内容平台、关系平台和服务平台，衍生出对应的三种营利模式。

（一）打造以内容平台为纽带的利益分成模式

垄上平台盈利的前提是扩大用户规模。除了利用免费模式、补贴模式、让利模式获取大量用户外，优质的内容服务具有强大的"吸粉"作用。以内容平台为纽带的利益分成模式，就是一种以优质内容获取直接利益的传统营利模式。垄上传媒的品牌栏目集群赢得用户和广告商的青睐，由此获取的直接利益成为其营利模式之一。

目前，主要依靠两种方式：一是冠名广告和贴片广告，二是由品牌栏目产业链延展带来的利润分成。如《舌尖上的湖北》栏目推介湖北特色美食和乡土文化，拉动农副产品和乡村游等周边产品的销售，栏目组参与收入增长分成。

（二）生成以关系平台为核心的社群经济模式

垄上平台盈利的关键是能有效提高用户转化率。以关系平台为核心的社群经济模式，是通过生产关系的创新推动生产力的变革，利用社群关系形成生产力的新型运营模式。这就要求平台围绕用户体验与价值获取设置相关转化路径，把握用户痛点和消费心理变化。垄上平台通过运营社群，将线上线下粉丝变现成重要的生产力，使社群内资源得到高效配置。

目前，主要方式有：第一，会员制营销模式。会员制营销模式实质是关系营销，其核心是强化品牌与会员的信息交流与反馈，维护并提升会员品牌忠诚度。垄上平台基于将观众变成用户，在关系转换中实现价值。农民会员作为平台的"被补贴方"，免费享受服务，而与农民进行交易的第三方则作为"付费方"，通过支付额外费用，取得多项增值服务，如增加产品曝光度等。第二，TV团购模式。垄上传媒借助电视媒体的公信力和影响力，将具有相同购买意向的零散消费者聚合起来，通过电视主持人代表消费者与商家集体议价，最终达成"媒体、企业、消费者"三方共赢。

（三）探索以服务平台为导向的商业增值模式

垄上平台盈利的落脚点在于布局多元盈利点，形成传媒+现代农业的跨界整合生态圈。其商业增值模式主要表现为：

第一，农业电商。订单农业是农业电商的未来发展趋势，一方面以食品安全为主要诉求点，为市民消费群体服务；一方面通过品牌孵化，扶持各类涉农经济。垄上传媒依托垄上优选开设电子商城和直营超市，通过销售分账和产品代理获利。

第二，招聘中介。垄上传媒的《打工服务社》栏目利用微信公众号和"职来宝"App，在经营传统的代招、劳务派遣、劳务外包业务等基础业务之余，还从事基于农民工用户规模化后的增值服务，比如培训、创业、政府购买服务、金融服务等，利用栏目品牌、客户系统、导流、关联来建立经济效益和社会效益双赢模式。

第三，大数据服务。垄上传媒通过线上线下的用户沉淀，获得大量三农领域的核心数据，提高目标用户的需求响应速度，减少农业产业链上非增值环节的资源占比和资金消耗，提高精准服务水平。

第六章　农村公共服务中电视媒体平台化转型的问题与出路

在推进新时代广播电视公共服务体系建设和加快推动广电公共服务标准化、均等化等政策影响下，农村地区的人口红利、改革红利和开放红利正在逐步释放，刺激农村地区在经济结构和产业调整上找到新的效益增长点。提升农村广播电视公共服务的质量和效率是一项系统工程，媒体不可缺位。媒体平台使得未来媒体日渐进化为一个具有自主创新能力的价值循环增值系统。平台模式是未来传媒业转型的主流方向，代表着社会媒介化进程的发展趋势。对农电视媒体从扶贫信息的传播者到农业产业链垂直整合的参与者、"三农"市场供需双方精准对接的组织者的角色转变，不仅使垄上频道获得新的发展机遇，同时也为精准扶贫贡献媒体力量，产生较大的社会价值。但是，垄上平台只是传统电视平台化转型的初步尝试，存在一些认识误区和实践困境，需要加以厘清和破解。

第一节　农村公共服务中电视媒体
平台化转型的认识误区

传统媒体的融合转型常常以内容转型为逻辑起点。但是，随着包括机构媒体、行业媒体、自媒体和个人等多元主体入局内容生产领域，如果电视媒体仅仅只是作为内容的生产者，一定会被边缘化。因此，电视媒体应把内容的公信力、影响力转化为媒体经营的优势手段。要提升农村广播电视公共服务的质量和效率，电视媒体的平台化转型就要转变观念，从"全媒体"转向"新业态"，打破原有产业壁垒，探索除广告以外的其他营利模式，通过多元化跨界发展传媒新业态。反观垄上平台的发展现状，电视媒体在平台化转型过程中的认识误区可能会对同类媒体的转型实践提供镜鉴。

一 平台化转型不是自建平台而是对接平台

在电视媒体平台化转型的过程中究竟是自建平台还是对接平台，这是一个争议不断的话题。随着电视媒体开机率下降、广告收入遭遇天花板，"内容+渠道"优势不再的境况愈演愈烈，主张自建平台的呼声不断。较有代表性的声音有："没有平台，我们无法变现，面对各种经营业务下滑，包括用户流失；没有平台，我们无法整合别人的内容，反而我们的内容被别人拿去变现。我们的主流媒体还能不能实现引导舆论的功能？……所以，在互联网环境下，主流媒体没有自主可控的互联网平台，就解决不了联系群众、服务群众、引导舆论的问题，甚至无法解决自身在社会主义市场经济下靠自己的规范运营来获得持续发展的造血能力问题。"[1] 但是，从中央到地方，从"中央厨房"到"县级融媒体中心"，自建平台并没有收获特别令人满意的成效。究其根本原因在于，包括电视媒体在内的传统主流媒体的调性和实操不适宜成为互联网平台。互联网平台和媒体自建平台最大的差异在于，前者是以技术为支撑的基础服务平台，通过规模连接，实现商业价值；后者作为价值媒体，重在价值引导和社会整合。

当互联网平台企业建成社会连接的基础设施之后，社会的媒介化进程显现。随着线下生活向线上的迁移，互联网的底层基础连接无法抵达更加垂直细分的下沉市场。电视媒体不能局限于只做内容，否则随着内

---

[1] 中宣部媒体融合专家宋建武：《没有一个主流媒体自主可控的平台，就没有主流媒体的一切！》，2019年10月8日，https：//www.sohu.com/a/301440423_717968。

容产业的多元主体入局，电视终将被边缘化，失去竞争力。电视媒体作为价值媒体，其多年累积的品牌公信力和影响力将成为互联网时代的核心力量。电视媒体应依托本土化优势和传播机制参与到非内容的社会媒介化重构中，通过内容服务积累关系资源，进而掌控粉丝和圈层，通过场景化消费实现商业价值变现。当然，社会生活的服务场景丰富多元，电视媒体没必要也不可能自建满足所有服务需求的平台和 App。对于垄上平台而言，对接社交平台、电商平台的各类应用，其到客率和转化率都可圈可点。但是，其自建平台"垄上行 App"却没有与用户的信息入口有效连接，发展前景堪忧。因此，电视媒体的平台化转型首选对接平台，开发多元应用，包括即用即走的微信小程序，实现供需适配，从而打造产业链盈利闭环。

二　平台化转型不是粗放式扩张而是集约式整合

传统媒体的资源位集中在平台层级最外围的一个领域——内容产品的生产、集成、播控与媒体运营，其优势在于最贴近具体应用和用户市场，能够获得直接收入来源。但随着信息技术和网络的发展，应用类型将会变得越来越丰富，而以新闻、娱乐、资讯为特征的内容产品的绝对垄断地位将有所动摇。以平台思维来思考传媒业的转型，平台化转型不是粗放式扩张而是集约式整合。对垄上传媒而言，要实现平台化转型，一方面要逐步打破湖北广播电视总台各频道、频率之间的藩篱，通过统一的数据中心和信息平台，整合内部资源，打造精简、高效、协调作战的内容生产团队。另一方面要以股权合作实现深度利益捆绑，通过并购重组实现不同产业集群优势互补，达到共建共享共赢。

由此，传统媒体的平台化转型包括"以媒资管理系统为核心内容的内平台化和外平台化"[①]。其中，内平台化是以平台模式激活媒体集团内部的内容资源，组建一个优质的内容产品价值网络；外平台化是基于自

---

① 谷虹：《信息平台论：三网融合背景下信息平台的构建、运营、竞争与规制研究》，清华大学出版社 2012 年版，第 185 页。

身强大内容产品的关系资源吸聚力和高效运营能力，通过提供一套基于市场运作的价格结构、声誉机制和用户大数据深度挖掘的平台规则，构筑一个多接口的数字化媒体平台，吸附产业链上下游资源和边际资源，组建一个外化的融合产业价值网络。只有做大做强自身的内容产品，依托内容优势，才能实现向内容应用支持平台和媒体业务应用支撑平台运营上的转型。

三　平台化转型不是扩建渠道而是构建场景

传统媒体的优势在于其强大的内容生产能力，但是大多数媒体在将内容优势转化为竞争力的过程中犯了一个逻辑错误，以为传统媒体内容优势不再的根源在于传播渠道的失灵，只要提供足够多的信息通道就能传得开、传得好。于是，在媒体融合转型的过程中，大多数媒体不约而同地通过打造以"三微一端"为代表的新媒体矩阵，开通抖音、快手等短视频账号等方式，将同一内容以不同的版本、不同的形式上传到不同的信息终端，试图通过内容的多次售卖增加收入来源。这种做法短期内具有一定的合理性，但如果不在一个新的格局中去思考新媒体平台所带来的新的传播模式，没有强大的关系平台（渠道）为内容推波助澜，有再多再好的内容有可能都只是隔空喊话，无法有效对接用户的信息入口。

另外，互联网的去中心化模式，将打破传统科层式的内容生产格局，大到机构媒体、行业媒体，小到自媒体甚至个人都成为互联网上的一个信息节点。信息产消者的出现，使得个人对专业媒体的信息反哺成为一种常态。那么，传统媒体封闭的信息生产体系势必难以满足多元化、个性化、定制化的信息需求，在此背景下，传统媒体如果只专注于做内容产品，一定会被边缘化，进而失去竞争优势。

目前，垄上传媒的节目内容除了电视频道播出以外，通过"垄上优选"（农业电商）"职来宝 App""三农堂"微信公众号等新媒体矩阵进行多渠道传播。但是，这些端口各自为政，缺乏与信息入口的有效关联，传播效果并不尽如人意。互联网争夺的是流量，移动互联网争夺的是场景。终端是连接（传播）的出口，用户是服务的入口。移动互联网时代的媒体平台需要构建场景才能更好地接入用户。

大数据、移动设备、社交媒体、传感器、定位系统这五种要素被称为"场景五力"，"五种原力正在改变你作为消费者、患者、观众或者在线旅行者的体验"。[1] 彭兰进而指出，"空间与环境、实时状态、生活惯性、社交氛围"构成了场景的四个基本要素。[2] 用户的实时移动，带来消费场景和需求的实时变化。从电视点播、书信短信、微博论坛、二维码到抢红包、"摇一摇"，用户与电视交互的全新媒介使用习惯正在被塑造，传统电视正在尝试通过构建移动交互场景推动媒介融合转型，即"充分挖掘各类用户的'场'的价值，实时定义、理解和洞察特定场景中的用户状态与需求，并能迅速地找到、推送与他们需求相匹配的内容、产品或服务，实现场景适配"[3]。

当然，电视移动社交的场景构建需要找到能够流通的符号资本，借助情感连接累积关系资源，进而掌控粉丝和社群，带动商业价值变现。对于垄上传媒而言，不论是开发一款囊括旗下所有频道节目移动应用，还是针对热门栏目开发单一的移动社交软件，都离不开对用户信息使用互动场景的开发与应用。

四　平台化转型不是重资产投资而是聚合资源

平台实质上是一种交易空间或场所，作为中间组织，其本身并不参与产业链上下游生产，遵循轻资产投资原则。但是，目前垄上频道投资线下直营超市店百余家，重资产投资短期内难以做到爆发式增长。

在传统媒体平台化转型的路径选择中，既可以自建平台也可以对接

---

① ［美］罗伯特·斯考伯、谢尔·伊斯雷尔：《即将到来的场景时代》，赵乾坤译，北京联合出版公司 2014 年版，第 11 页。

② 彭兰：《场景：移动时代媒体的新要素》，《新闻记者》2015 年第 3 期。

③ 喻国明：《新型主流媒体：不做平台型媒体做什么？——关于媒体融合实践中一个顶级问题的探讨》，《编辑之友》2021 年第 5 期。

平台。目前，垄上传媒主要采用自建平台的方式实现资源聚集，由于传统电视面临着"渠道失灵"和失去入口的难题，而垄上传媒的内容和实力并不足够强大，所以平台的辐射范围和影响力都受到限制。在这种情况下，垄上平台可以尝试与成熟的互联网平台对接，遵循"不为我所有可为我所用"的原则，提供综合服务来拓展自身平台业务。比如，"垄上优选"可以对接京东商城，"职来宝"可以对接"58同城"，开设垂直细分栏目，增强信息导流能力。

同时，垄上平台的资源聚合更倚重线下产业链的垂直整合，如何把线下弱关系更有效地转化为线上强关系，值得进一步思考。传统媒体转型的关键就在于如何认识、利用和开发这种关系价值。如果不理解新的传播模式，没有强大的关系渠道为内容推波助澜，有再多再好的内容可能都是空谷里喊话，或许气势磅礴，但终归是自说自话。因此，开放、聚合、社交和跨界是未来传统媒体平台化转型的进路。

第二节 农村公共服务中电视媒体平台化转型的实践困境

媒体平台是未来媒介变迁的主流模式，与以广播、报纸、电视等为代表的传统媒体比较而言，媒体平台具有高维媒体的特点，即平台向用户开放、内容可以在终端共享等优点。农村公共服务中电视媒体的平台化转型实践面临诸多问题与挑战，如技术驱动力不足、对农电视媒体平台体制机制落后、监管体系不完善等问题。因此，只有直面电视媒体平台化转型实践中的困境，才能更好地实现平台良性发展。

一 服务三农新媒体平台科技基因不足

科学技术是第一生产力，传媒业只有紧跟科技发展的步伐，才能焕发出永久的生命力与创新力。互联网平台企业依托人工智能、大数据等技术，实现了跨越式发展。服务三农新媒体平台由于受到资金、人才、制度等方面的制约，与新技术对接相对缓慢，科技基因不足，影响了平台自身的发展进程。

（一）未能充分开发人工智能技术

随着人工智能技术在媒体行业的成功应用，我们越来越感受到人工智能正成为媒体纵深融合的关键着力点，为媒体智能化发展赋能。广播电视媒体作为内容产业的重要支柱，置身于移动互联网浪潮中，面临着多元内容生产主体的攻城略地。其中，互联网头部内容机构凭借对人工智能新技术的投入和领先优势获得更多用户青睐，取得更大商业效益。比如短视频巨头快手凭借领先的计算机视觉与深度学习能力，通过算法匹配，实现人与内容、人与人的精准连接。

目前，人工智能技术已经广泛应用到内容生产（如机器写作、视频自动生成、AI 虚拟主播、智能语音、机器翻译等）、内容审核（如内容安全审核、低质内容识别等）、内容分发（如内容理解、用户理解、智能推荐）、人机交互、人脸识别、积分反作弊、广告智能分发等内容平台运营的各个环节。当前，互联网上信息爆炸，人工智能解决的主要矛盾是信息的分析、加工、分发不够精准。

人工智能技术作为内容行业的中坚力量，机器学习、自然语言处理、计算机视觉成为渗透率排名前三的人工智能技术。对于传统电视媒体而言，在应用人工智能的过程中主要面临着团队缺乏技术基因、对先进技术的认知以及人工智能专门技术人才等问题。媒体和媒体人要破除对于新技术的"恐慌"，加快知识体系更新，培养能跟上智能时代的专业素养。

除此之外，我们也不能认为人工智能可以解决媒体变革中的一切问题，我们还要考虑生产的数据与可以用于人工智能学习数据之间的匹配度，媒体需要具备完备的数据源和处理更为庞大的数据系统的能力。媒体在使用用户生成的数据时，也需要权衡智能化用户体验和用户数据安全之间的关系。

（二）大数据沉淀开发不足

大数据的出现与运用，对新闻媒体与新闻产品的内容和形式产生巨大影响，大数据使不确定的预测新闻成为可能，提高了新闻报道的深度和力度，赋予新闻媒体独特的个性魅力。虽然传统媒体的融媒体中心生产了许多现象级的融合传播产品，但是存在"有爆款没用户"、有传播无数据资源的难题。只有持续打捞并沉淀媒体平台上散落的用户，不断增强用户黏性，才能留下有价值的用户数据，促进媒介产品的阅听、传播和消费行为。

大数据作为移动互联网时代的"石油"与"货币"，其收集、储存、加工和传输都需要专门的处理技术。建设服务三农新媒体平台，需要运用智能化的数据抓取、处理和分析技术，挖掘用户遗留在网络上的海量多样化数据的应用价值。目前，传统媒体对大数据等新技术的研发与应用明显落后于互联网企业。在算法新闻、智能推送盛行的新媒介环境冲击下，基于场景的信息精准匹配越来越依靠于传感器、智能算法和可视化技术。传统媒体在平台化转型过程中，要构建完整的价值链，不能局限于优质内容生产，还应该加强在智能算法推荐等新兴技术领域的研发和引进力度。

垄上平台对大数据技术应用不充分，在一定程度上制约其构建媒体平台的进程。大数据对对农电视媒体的冲击，主要体现在以下两个方面：第一，以媒体的视角来看，网络时代与传统媒体时代用户相比，获取信息更容易、途径更加多元与多样。在智能手机大规模使用后，这种对比更加悬殊，传统媒体在时效性方面远远落后于智能化新媒体。第二，大数据技术在数据分析和预测方面要远比人们的推算和猜测准确。对农电视新闻的时效性远不及今日头条等大数据基础比较好的互联网新媒体，大数据以权威的数据进行预测，准确性远超人们的主观推断。垄上传媒传统的新闻采编还是占有非常大的比例，记者实地采访、再写稿件、再审核、再发布，时效性远不及今日头条等新媒体，也会损失一部分受众。

（三）中央厨房共享平台建设迟缓

传媒业"中央厨房"的概念诞生于新旧媒介融合的大背景下，"中央厨房"最初的含义是指餐饮行业具备统一管理模式的大厨房，这种模式的最大优点在于节省运营成本。在媒体融合背景下"中央厨房"被赋予新的概念与内涵，特指传统媒体通过"平台化"转型从而实现内容集约化制作与深度开发，达到节约成本与增强传播效果的终极目标。不同主体的"中央厨房"实践差异甚远，但是"新旧融合、一次采集、多种生成、多元发布"是基本共识。

垄上传媒对"中央厨房"模式的探索与实践都不充分，生产出来的新闻产品缺乏互联网基因。垄上传媒依然延续传统新闻的采编流程，记者部只负责外出采访，编辑部只负责写稿审稿等，记者只服务一个媒体平台的用户，记者与平台是一对一的生产关系，这样平台信息生产的效率就会降低。垄上传媒应积极探索"中央厨房"运行模式，节约生产成本，提升内容产品的市场价值。

二　服务三农新媒体平台体制机制落后

我国广播电视具有政治属性，它是公共资源，由国家所有；另一方面广播电视具有经济属性，它实行"事业单位、企业化运营"的方针，依靠市场的力量和广告收益维护其运营；同时由于我国是社会主义公有制，共产党领导的新闻事业，就决定了广播电视的"政治宣传功能"。因此，我国广播电视的事业属性、产业属性、党性、媒体属性、政治宣传属性、社会公共利益服务等属性难以区分，从而出现一系列弊端。这些弊端在对农电视媒体上的体现尤为明显，阻碍了服务三农新媒体平台的建构进程。

（一）服务三农新媒体平台组织结构较为固化

我国媒体机构是党和政府的喉舌，隶属于政府的宣传管理部门，长期以来采取金字塔式的组织结构。在大众传播时代，传统媒体具有内容与渠道的垄断优势，不同类别、不同层级的媒体间彼此泾渭分明，受众群体相对单一而稳定。在此背景下，采取金字塔式的组织结构，有助于内容生产的规范化管理和安全播出，有效进行社会教化和价值引领，同时生成规模经济效应。但是，在移动互联网时代，社交媒体的崛起打破了传统媒体的垄断优势，受众媒介偏好和使用习惯被重塑。媒体除了提供新闻信息服务，还需提供政务、生活服务、电子商务等多元化的业务类型。媒体业务模式的拓展，打破了管理者原有的管理领域、门类和层级。此时，金字塔式的组织结构沟通效率低下、部门利益冲突等问题不断暴露显现。

2012 年垄上传媒开始探索"频道+渠道"的运营模式，即线上"频道"着眼于打造一个服务"三农"的媒体平台，线下"渠道"着眼于"小三农——农资、农技、农产品"，打造出以"垄上行"品牌为核心的产业体系。这是垄上传媒平台化转型的初步尝试，但从实践来看，平台组织结构仍受制于线性的科层制系统结构的束缚。在充斥着高度复杂性和极度不确定性的媒介生态之下，单纯的行政力量已不足以维系整个媒体组织的有效运转，来自媒介系统内部的信息流交换和数据流增值等开始汇聚并形成一股内生型的驱动性力量，媒体平台组织结构的模块化才是媒体平台具有强大适应性效率的关键。服务三农新媒体平台的模块化，"将使得原有的最高领导中心被多个独立团队的核心节点所取代，自上而下的命令和控制让位于以产品、任务、目标或愿景为导向的价值吸附和自由离散"。[①]

（二）媒体平台运营体制机制较为落后

目前，传统媒体的组织结构大多呈自上而下的金字塔式结构。这种组织结构最大的缺陷在于："一是由于信息的流动性差，难以对外部环境的快速变化及时做出反应；二是由于缺乏水平方向的信息流动，组织和员工创新动力不强。"[②] 这造成媒体内部等级重重，各自为政，沟通效率

[①] 权玺：《未来媒体架构，平台媒体的模块化结构探析》，《兰州大学学报》2020 年第 3 期。

[②] 廖秉宜：《平台型智能媒体建设的核心问题与创新路径》，《中国编辑》2020 年第 5 期。

低下，对受众市场缺乏敏锐的感知能力，人员的创新力量和市场反应能力难以充分释放。事实上，富有创造力的优秀人力资源是传统媒体最重要的资源。近年来，传统媒体人的离职潮加剧，削弱了传统媒体的人力资源优势，带来人员老化、空心化等一系列问题。

另外，目前传媒业条块分割的管理体制，带来不同区域之间、行业之间、媒体之间的多重壁垒，这造成用户资源的分散，无法绘制精准的用户画像，难以实现大规模的数据整合利用。由于信息的指数级增长，传统编辑对信息的筛选与把关，已无法满足受众多样化的信息需求，基于人工智能、大数据和云计算等新兴技术的算法推送正成为移动互联网时代媒体竞争的撒手锏。只有掌握海量用户数据、洞察用户真实服务需求的媒体平台企业，才能实现多元化、差异化、个性化内容的精准推送，进而增强用户黏性，实现优质内容的可持续性的生产和变现。

三 服务三农新媒体平台治理模式尚需完善

服务三农新媒体平台充分利用信息技术优势、传播优势、规模优势，在多边群体的连接过程中成为生态圈的主导者。平台作为"去中心化"后"再中心化"的产物，成为新型社会关系的连接者。由于平台的技术和商业屏障，政府和司法等公共权力机关难以直接对用户行为进行监管，媒体平台的失范行为时有发生。特别是一些超级网络平台为谋求发展和扩张，纷纷把建设企业社会责任作为塑造良好品牌形象的重要手段。但是私人企业的逐利性可能带来庞大商业体系运转中的监管失灵和风险失控。

（一）媒体平台内部的失责风险

对于当今的媒体平台来说，其凭借开放性和网络效应成为维持社会正常运转的重要的基础设施。那么，媒体平台企业就不单单只是追求利润至上的商业企业，同时肩负着社会责任和公共属性，需要时常平衡商业利润和公共利益两个责任之间的关系，不能见利忘义，置社会责任于不顾。媒介平台也规范并协调着各类用户的网络使用行为，在服务用户与规制用户之间保持平衡，明确两种角色的权利和义务边界。媒体平台的多元主体社会角色纷杂，在不同的场景扮演不同的社会角色，因而涉及各种相互交织的权利、责任和义务关系，现有的道德准则、行业规范和法律法规均面临适用局限的问题。

（二）媒体平台运营模式影响责任治理

媒体平台的运营模式具有鲜明的技术驱动特征，同时这些特征的影响超出了平台自身和新媒体行业的范围，成为影响新媒体社会责任治理的重要因素。目前国内各领域的平台基本上被少数大的互联网平台企业主导，其垄断性的市场地位使得公众的选择权、知情权和环境认知面临被操纵的风险，也增加了对其监管的难度。另外，各平台通过各自的算法规则获取用户数据并对用户进行信息推送，这种算法透明度的缺失让公众常常处于隐私等数据是否被滥用，是否处于信息茧房的担忧之中。平台企业作为信息技术的开拓者和社会关系的启动枢纽，本身就处于社会规则和商业规则尚未成型的诸多不确定性之中，在并没有明确责任治理主体的前提下，失范与越轨的风险难以避免。

第三节　农村公共服务中电视媒体平台化转型的突围之策

农村公共服务中电视媒体的平台化转型，对于加速传统电视媒体融合升级，提升农村广播电视公共服务质量与效率，更好地服务农村地方社会，助力乡村振兴战略，具有重大意义。在移动互联网时代，针对上述问题，农村公共服务中电视媒体的平台化转型，需要从坚持移动优先、以媒介科技发展为导向，变革组织机制催生化学反应、从不同主体视角探索媒体平台治理模式等方面来考量突围之策。

一　服务三农新媒体平台要以媒介科技发展为导向

技术进步一直是媒体变革的驱动力。互联网时代诞生了人工智能、虚拟现实、增强现实、人脸识别、图像处理等技术，未来的媒体将会更广泛地融入这些技术。服务三农新媒体平台要坚持移动优先，加快人工智能技术、大数据技术的应用，积极进行中央厨房的探索，从科学技术层面实现服务三农新媒体平台的困境突围。

（一）加快人工智能技术的应用

媒体智能化时代，人工智能对新闻生产和传播格局的改变是全方位的，人工智能技术将在策划、采访、生产、分发、反馈等全新闻链路上赋能媒体内容生产。从当前新闻传播的生产、分发以及消费反馈三个环节来看，人工智能技术在媒体平台中的应用主要分为三类：一是以信息生产为主的平台；二是以智能推送为主的平台；三是以用户聚合为主的平台。

传统媒体在融合转型的过程中，正在加快人工智能技术的研发与应用。比如，2017 年 6 月成立的新华智云针对内容生产者、信息消费者的实际运用场景，研发出"媒体大脑"。通过"媒体大脑"扮演新闻生产基础设施的角色，融合大数据、人工智能、云计算、物联网等多项技术，覆盖新闻生产、分发、监测、反馈各环节的 8 项产品和功能，让新闻信息生产更为智能化，促进媒体的人机协作、深度融合。2018 年 6 月，人民日报新媒体中心发布"人民日报创作大脑"平台，这款旨在为内容生产进行多向赋能的平台，集成了智能写作、智媒引擎、语音转写、数据魔方和视频搜索五大功能，是人工智能时代媒体工作者的智能写作工具平台。

可以预见，未来媒体平台将与人工智能技术的关联越来越紧密。当然，我们并不是说人工智能技术要取代记者和编辑角色，而是赋能记者和编辑，使其更智能地获得新闻线索和新闻素材，帮助媒体提高生产效率。对于服务三农新媒体平台而言，要不断追求内容生产与新技术的完美融合。

（二）加快数据资源整合

新一代信息技术的飞速发展与广泛应用，推动数字经济快速崛起。

数据在搜集、加工、挖掘和分析过程中释放出的数据生产力，正在成为驱动经济发展的强大动力。数据资源作为经济活动中的一种核心生产要素，具有非竞争性、无限供给性、低成本复制性、规模报酬递增性、强渗透性与辐射性等基本特征，它是培育新经济、新业态的先决条件和现实路径。大数据的本质是对社会生活的自我量化，加强数据资源整合，实现全行业的数据互联互通具有深远意义，即"一方面，能够有效打破数据孤岛导致的数据流动和利用效率低下的现实问题；另一方面，能够解决大型互联网平台限制数据充分自由流动的垄断问题"①。

对于传媒业而言，大数据技术已对新闻生产流程、新闻质量标准、受众反馈价值等产生深远影响，因此加快数据资源整合意义重大。新闻媒体利用大数据技术对用户精准画像，可以拓展用户分析的深度与广度，进而实现信息的精准分发和广告的精准营销。从服务三农新媒体平台的外部而言，要创新监管科技和监管措施，实现专项执法与行政指导的多元共治。政府主管部门需要通过市场机制，完善数字生产关系，明确数据权属、界定数据价值，规范数据市场治理；打通数据壁垒，消除数据孤岛，推动数据流动自主有序、配置高效公平；发挥市场在资源配置中的积极作用，鼓励传媒企业以股权激励、上市融资等形式组建媒体平台，促进媒体间用户数据的流动与聚集。从服务三农新媒体平台的内部层面而言，各模块之间、各模块下辖的各部门之间也应该加快推进数据资源整合。当媒体平台与用户产生高黏度后，通过为用户提供个性化、精准化的服务产品，实现用户与媒体平台间的交叉补贴，并最终实现盈利。

（三）加快建设中央厨房

很多传统媒体在转型升级之中纷纷打造自己的"中央厨房"或者宣称"全媒体中心"，但能够真正理顺流程的少之又少。传统媒体转型为媒体平台，固有的生产方式是转型过程中遇到的首要障碍，传媒的内部人员在全媒体信息领域其生产能力和生产方式匮乏。用传统的新闻理念生产

---

① 赵精武：《以互联互通新平台提升数据资源整合效率》，2022 年 5 月 17 日，https：//m. gmw. cn/baijia/2022-04/19/1302906450. html。

不具备互联网基因的产品是这种匮乏产生的根源。总之，传统电视媒体想要"中央厨房"助推自身的转型与变革必须对自身进行一场"观念革命"，实现理念的变革与创新。

首先，树立分众传播理念，创新服务分众的模式，为赢得大众奠定基础。其次，树立信息分层发布理念，信息通过分层发布，为全息传播创造前提条件。信息分层发布，通俗来说就是从多层面对信息进行分析与整合，最终实现集约化生产与信息开发最大化。再次，树立产品理念，以产品导向为主，把新闻开发为产品，包括内容产品、关系产品、服务产品等，挖掘新闻内容的市场空间、实现内容升值。最后，树立用户理念，站在用户的角度来思考传播，使用户享受极致的价值体验，电视媒体要注重强化用户价值体验和满足用户个性化需求。

二　服务三农新媒体平台要建立模块化媒介组织结构

互联网时代，传统电视媒体在隶属级别、覆盖区域、频道资源、播出时间、内容定位等方面的差异不断消解，观众的选择更多、消费更加碎片化。在此背景下，传统电视媒体要根据新的传播特点和要求，在媒体的组织结构层面进行转型探索，这才是媒体变革与转型的重点。

媒体平台既是现阶段媒介发展的最优选择，也是未来媒体的演化方向。媒体平台之所以能与极为复杂和不确定的媒介生态相适配，主要在于它采取了模块化的媒介组织结构。模块化是将复杂系统拆分为若干可组合、分解和更换的组件的信息管理模式，模块化的出现带来更为精细化的社会分工与专业化协作。从产品构件模块化到生产过程模块化，再到组织结构模块化，模块化成为"一种在信息技术革命背景下产业发展过程中逐步呈现出来的用户解决复杂系统问题的新的方法"[①]。通过协作式、分布式和大规模本体的数据管理和开发，模块化有助于提升复杂产品和进程的组织效率和有效性。

---

① ［日］青木昌彦、安藤晴彦：《模块时代：新产业结构的本质》，周国荣译，远东出版社 2003 年版，第 3 页。

媒体平台采用模块化的媒介组织结构，确保了媒体平台在运行过程中的兼容性和扩张性，硬性的系统规则和柔性的个别规则相辅相成，创造了大量的可选择性。模块化改变了自上而下的金字塔式媒介组织结构，将单个模块的个体创新和模块集中化之后的系统创新相结合，这种自下而上的价值创新系统能够增强整个媒介组织结构的可拓展性和创造力，从而实现快速响应、资源聚合和高效协同。

媒体平台的模块化包括硬件设备的模块化、数据资源的模块化、生产过程的模块化、知识结构的模块化、价值实现的模块化等多个方面。从表现形态上，可将模块化划分为两个维度："其一，突破垂直层级的组织结构模块化；其二，打破水平边界的业务职能模块化。"①

组织结构的模块化是基于战略目标一致性和利益趋同性而构成的联盟，是对组织原有职能单元的分拆、剥离与重组。在组织架构一体化、用户和数据等核心资源开放共享的基础上，赋予各个独立模块一定程度的自主权，通过隐性或显性地建立系统结构，管辖不同模块之间交互的规则。目前包括百度、阿里巴巴、腾讯在内的超级互联网企业大多采用蜂巢式结构，即分权式的模块化组织结构。它通常具有突出的稳定性和抗弯曲能力，通过跨组织合作、组织内各个节点信息及资源的共享共创，增强媒体平台企业的获利能力和竞争力。

业务职能的模块化是将新闻记者的知识结构和业务技能模块化，它建立在用户多元化需求可被数据量化的基础之上。互联网时代的新闻生产过程不再是传统意义上的线性流程，"大而全"的新闻生产不断向"小而美"拓展，自上而下的信息传播被扁平式的节点化传播取代，媒介机构正致力于深耕内容的垂直细分领域，邀请作为"产消者"的用户参与甚至主导内容生产。喻国明教授指出，"未来新型主流媒体要从传统的直接为用户生产内容（To C 模式）转型为从一线内容生产者的位置退后一步，成为为内容生产提供专业支持、价值服务及操作指导的二线角色

---

① 权玺：《未来媒体架构：平台媒体的模块化结构探析》，《兰州大学学报》2020 年第 2 期。

（To B 模式）"。① To C 到 To B 的转型，依赖于业务职能模块化的确立，为普罗大众提供傻瓜化的传播模板，用隐含其中的价值逻辑引导用户的内容生产与传播。

三　服务三农新媒体平台要建立划分角色的治理策略

媒体平台型企业处于网络生态系统的核心位置，是信息传播和价值引领的重要载体。但是，由于媒体平台型企业的逐利性，它们可能对违法违规的交易行为缺乏监管的积极性和监管的有效手段，导致双边用户的供给和消费行为对经济社会产生不良影响。1995 年，全球治理委员会提出治理理论，即"治理是或公或私的个人和机构经营管理相同事务的诸多方式的总和。它是使相互冲突或不同的利益得以调和并且采取联合行动的持续过程"②。也就是说，良好治理的目的是让所有创造者公平享有创造的价值。在一个平台生态系统中，不存在万能的控制者，所有的治理都是"大量呈现分散态且具有异质性的行为主体经由相互之间持续而又变化的联结运动来实现调和的过程"③。

服务三农新媒体平台治理的关键在于对媒体平台的角色进行划分，在不同传播情境中执行不同的治理角色，从而提高治理模式与治理情境的匹配度。具体来说，"作为平台运营者，媒体平台有责任在达成经济目标的同时兼顾社会责任，实现社会主义核心价值观引导下的多元信息供给；作为生态系统的管理者，平台型企业有责任对传播主体行为进行规制，降低负面声音、不良舆论带来的潜在危害；作为基础设施提供者，平台型企业有责任为多元主体参与治理开放稳定的技术端口、建立有效

---

① 喻国明：《新型主流媒体：不做平台型媒体做什么——关于媒体融合实践中一个顶级问题的探讨》，《编辑之友》2012 年第 5 期。
② 顾基发：《系统科学与社会治理》，转引自刘怡君《社会物理学：社会治理》，科学出版社 2014 年版，第 19 页。
③ 权玺、李斐飞：《复杂性视域下平台媒体的生态化治理》，《西安交通大学学报》（社会科学版）2019 年第 9 期。

的市场机制、完善必要的基础设施保障"①。

（一）平台运营者：基于平衡社会责任和经济效益的媒体治理

作为平台运营者，媒体平台企业具有天然的逐利性，平台内容质量的良莠不齐，可能造成传播内容的监管失灵和风险失控。但是，媒体平台作为传统主流媒体融合转型的产物，依然是一种价值媒体，承担着为海量用户提供高质量信息服务与主流价值引领的社会功能，更在乎的是政治价值、文化价值及社会价值的实现。因此，媒体平台企业应平衡平台内容生产运营过程中的经济效益和传播过程的社会效益，严把内容审核过程中的新闻专业主义和道德底线，维护信息生态系统的健康运行，实现社会主义核心价值观引导下的多元信息供给，完善媒体平台企业的内容管控模式。

目前，算法已经成为网络信息生产、分发、反馈等各个环节的底层技术，算法推荐满足了用户获取精准推送信息的需求。但不容忽视的是，算法推荐易造成隐私侵犯、算法偏见等一系列技术弊端，带来信息茧房、受众价值观异化、传媒舆论引导失控等一系列传播伦理风险。媒体平台企业应明确责任治理主体，对平台算法偏见、算法歧视进行治理，优化信息资源的分配，保障用户的隐私权不受侵犯。

同时，媒体平台企业还要重视平台用户的真实需求、媒介使用习惯和信息选择偏好，创新主流价值观的传播理念和手段，激励用户参与意愿，降低参与成本，创造参与环境。在满足主流声音传播的政治逻辑基础上，培养和重塑平台用户的信息获取习惯，实现媒体平台发展的商业逻辑。

（二）平台管理者：基于用户差异的分类治理

作为生态系统的管理者，媒体平台企业应根据不同的用户属性划分不同的平台账号类型。当前，媒体平台内容功能被划分为舆论型、娱乐型、兴趣型、商业型和社交型等类别，通过向入驻商家收取保证金、入

---

① 汪旭晖、乌云、卢星彤：《融媒体环境下互联网平台型企业现代治理模式研究》，《财贸研究》2020 年第 10 期。

驻前资质审核、为买家提供支付担保、引用声誉机制、完善投诉处理流程、对交易进行大数据分析与监督等方式进行监管治理。要根据不同的平台类型、内容功能、交易特点构建不同的用户入驻规则，开放不同的用户权限，进而把握不同用户的行为动机，提前对违规行为进行预警、干预。随着媒体环境的不断演变，平台用户发布的内容逐渐丰富，作为媒体平台管理者，媒体平台企业应整合各种社会资源，协调多元主体参与分类治理。

此外，媒体平台企业应构建不同违规行为的分级治理措施。比如，对于粉丝数量较多的用户，其违规行为带来的不良后果要比粉丝数量较少的用户更为严重，媒体平台企业要依据平台用户的传播能力和影响力，建立与之匹配的分类惩处规则。

（三）平台提供者：基于网络空间的协同治理

媒体平台企业扮演着基础设施——平台提供者的角色，它搭建了信息传输网络系统，提供了数字内容生产与发布工具，并在此基础上构建了网络空间。媒体平台企业可以优化应用模块功能；引入价格结构、声誉机制、数据分析、限制准入资格等市场治理的成熟机制；从内容传播、技术应用以及社会关系的协调视角，提升平台内容生产与发布的服务供给质量和治理有效性。

同时，媒体平台企业要加强基于网络空间的协同治理。一方面，行业协会或相关部门要明确不同类型媒体平台企业间不正当竞争行为的边界，根据社会责任问题的属性和程度进行分类治理；一方面，建立平台间有序竞争的合作机制，实现用户跨平台信息生产的有效性和信息渠道的连通性，通过平台企业之间的互相监督和借鉴，有效降低企业失责的风险，持续保障网络空间的安全和可持续发展。

结　语

我国是一个以农业为主并拥有广大农村区域的国家，农村地区一直是我国广播电视公共服务建设的重点区域。作为我国农村最主要的大众传播媒介，电视媒体是农村地区公共服务的重要提供主体，担负着重要的公共服务使命。然而，在商业化、娱乐化浪潮的侵袭下，电视媒体的趋利性使其逐渐向具有高消费能力的城市视听群体倾斜，从而忽略了广大的农村视听群体，导致农村电视公共服务的缺位。在农村电视公共服务日渐式微的情况下，湖北垄上传媒却逆势而上、异军突起。它依托多年积累的品牌公信力，搭建起服务三农的新媒体平台，创新农村公共服务的供给方式，实现农业产业链上中下游需求与服务的精准对接，取得了社会效益与经济效益的双赢，极大发挥了电视媒体在农村公共服务中的媒体价值。

本书以农村公共服务中电视媒体的"平台化"转型为主要研究对象，选取垄上传媒——全国媒体服务"三农"的一面旗帜、电视媒体与现代农业跨界融合的创新示范作为个案，从平台理论切入，综合运用传媒经济学、信息传播学等多学科交叉视角，按照"农村电视公共服务的发展历程与现实图景—农村公共服务中电视媒体的平台化转型动因—农村公共服务中电视媒体的平台化转型过程—服务三农新媒体平台的构成方式—服务三农新媒体平台的运行机制—农村公共服务中电视媒体平台化转型的困境与出路"这一思路，为电视媒体的融合转型与产业突围提供有效借鉴，为政府开展农村公共服务提供经验依据。

　　垄上传媒围绕三条产品线——频道内容产品线、平台数据产品线和农业资源产品线，完成了从"垄上栏目"到"垄上频道"，再从"频道经营"到"产业运营"，最后从"对农媒体"向"对农综合服务平台"的发展路径，生成了包括内容模块、关系模块和服务模块三位一体的服务三农新媒体平台，集聚起湖北三农领域的多方资源，打通了农村与城市之间留存已久的壁垒，实现了农业产业链上中下游需求与服务的精准对接，为农民群体提供信息、农资、农技、农产品、技能培训、企业用工、情感服务、法律维权等多元化服务，取得了社会效益与经济效益的双赢。垄上传媒的平台化转型是电视媒体提升农村公共服务水平的大胆实践，为电视媒体优化公共服务提供了有效借鉴，也为传统媒体应对激烈的市场竞争提供了新思路、拓宽了新视野。

　　在推进新时代广播电视公共服务体系建设和加快推动广电公共服务标准化、均等化等政策影响下，农村地区的人口红利、改革红利和开放红利正在逐步释放，刺激着农村地区在经济结构和产业调整上找到新的效益增长点。提升农村广播电视公共服务的质量和效率是一项系统工程，媒体不可缺位。媒体平台使得未来媒体日渐进化为一个具有自主更新能力的价值循环增值系统。平台模式是未来传媒业转型的主流方向，引领着社会的媒介化进路。对农电视媒体从扶贫信息的传播者到农业产业链垂直整合的参与者、"三农"市场供需双方精准对接的组织者的角色转变，不仅使垄上传媒获得新的发展机遇，同时也为乡村振兴贡献媒体力量，产生较大的社会价值。但是，垄上平台只是传统电视平台化转型的初步尝试，存在一些认识误区和实践困境，需要加以厘清和破解。

　　服务三农新媒体平台要以媒介科技发展为导向，加快人工智能技术的应用，数据资源整合。服务三农新媒体平台要探索发展模块化的媒介组织结构，建立科学有效的媒体平台信息生产评价机制。服务三农新媒体平台要立足于平台运营者、平台生态管理者和基础设施提供者的角色定位，实践基于平衡经济效益和社会效益的媒介治理、基于用户差异的分类治理、基于网络空间的协同治理。

　　本书的研究可能存在以下问题：第一，"平台化"是"互联网+"时代传统媒体转型升级的重要方式，但是放眼国内外媒体大多处于探索尝试阶段，缺乏可资借鉴的成熟模式，即使是垄上模式仍有许多不完善的地方，因而增加了构建农村公共服务电视平台的难度；构建农村公共服务电视平台的最终目标是为了实现农村供给结构与消费需求的适配、对接，提升服务乡村振兴战略的质量和效率。但是，如何把握广大农民尤其是"新型农民"日益增长和变化的消费需求，并通过服务三农新媒体平台这一中间组织提供与之相适应的服务供给，是本书研究的第二个难点。

　　总体而言，2020年是脱贫攻坚战收官之年。习近平总书记在决战决胜脱贫攻坚座谈会上发表重要讲话，为打赢脱贫攻坚战指明了努力方向，提供了根本遵循。以垄上平台为代表的服务三农新媒体平台正积极发挥传播覆盖、平台整合和品牌影响等优势，紧紧围绕精准扶贫和乡村振兴的有效衔接，努力开拓消费扶贫、产业扶贫新渠道，以资源聚集、关系转换和需求响应的平台优势，实现广播电视和网络视听内容传播与农村地区经济发展有机融合、相互促进。随着实践的不断深入，媒介技术的不断更新，用户需求的不断升级，垄上平台还有更多待丰富和完善的地方，还将带给人们关于传统媒体平台化转型路径与价值的更大的想象空间。可以说，以垄上平台为代表的服务三农新媒体平台的成长、复制与迭代是一个值得关注、具有长久生命力的研究命题。

参考文献

著作类:

[1] [美] 桑基特·保罗·邱达利等:《平台革命: 改变世界的商业模式》, 志鹏译, 机械工业出版社 2018 年版。

[2] [美] 戴维·S. 埃文斯:《连接: 多边平台经济学》, 张昕译, 中信出版集团 2018 年版。

[3] [美] 阿姆瑞特·蒂瓦纳:《平台生态系统: 架构策划、治理与策略》, 侯赟慧等译, 北京大学出版社 2018 年版。

[4] 陈威如、王诗一:《平台转型: 企业再创巅峰的自我革命》, 中信出版社 2016 年版。

[5] 陈威如、余卓轩:《平台战略: 正在席卷全球的商业模式革命》, 中信出版社 2013 年版。

[6] 徐晋:《平台经济学——平台竞争的理论和实践》, 上海交通大学出版社 2007 年版。

[7] 方军、程明霞、徐思彦:《平台时代》, 机械工业出版社 2018 年版。

[8] 王勇、戎珂:《平台治理——在线市场的设计、运营与监管》, 中信出版集团 2018 年版。

[9] 阿里研究院:《平台经济》, 机械工业出版社 2016 年版。

[10] 李宏、孙道军:《平台经济新战略》, 中国经济出版社 2018

年版。

［11］谷虹：《信息平台论：三网融合背景下信息平台的构建、运营、竞争与规制研究》，清华大学出版社 2012 年版。

［12］谭天：《媒介平台论——新兴媒体的组织形态研究》，中国人民大学出版社 2016 年版。

［13］林翔：《互联网时代媒体平台经济发展的理论与实践》，国家图书馆出版社 2018 年版。

［14］国家广电总局发展研究中心课题组：《中国农村广播影视公共服务》，中国广播电视出版社 2008 年版。

［15］石长顺、石婧：《中国广播电视公共服务》，光明日报出版社 2013 年版。

［16］胡正荣、李继东主编：《中国广播电视公共服务体系：目标和实践研究》，中国广播电视出版社 2010 年版。

［17］孙翠清、林万龙：《中国农村公共服务需求问题研究——基于农户的视角》，经济科学出版社 2011 年版。

［18］孟冬、杨国瑞、范志杰：《提升农村广播电视公共服务研究》，中国广播影视出版社 2016 年版。

［19］刘京晶：《互联网时代公共文化服务的治理变革》，知识产权出版社 2016 年版。

［20］李军鹏：《公共服务型政府》，北京大学出版社 2004 年版。

［21］陈小娟：《媒介融合背景下对农电视媒体核心竞争力研究》，中国社会科学出版社 2018 年版。

［22］马梅：《中国农业电视传播发展研究》，中国电影出版社 2010 年版。

［23］傅玉祥、范宗钗：《对农电视的困境与突围》，中国广播电视出版社 2011 年版。

［24］裴小军：《互联网+农业：打造全新的农业生态圈》，中国经济出版社 2015 年版。

［25］陈卫平：《社区支持农业：理论与实践》，经济科学出版社 2014年版。

［26］肖叶飞：《广播电视规制研究》，安徽师范大学出版社 2013年版。

论文类：

［1］喻国明、焦建、张鑫：《"平台型媒体"的缘起、理论与操作关键》，《中国人民大学学报》2015 年第 6 期。

［2］喻国明：《融合转型的新趋势："高维媒介中的平台型媒体"》，《新闻与写作》2015 年第 2 期。

［3］喻国明：《未来之路："入口级信息平台+垂直型信息服务"——关于未来媒介融合发展主流模式的思考》，《新闻与写作》2015 年第8 期。

［4］喻国明：《平台型媒体的生成路径与发展战略——基于 Web3.0逻辑视角的分析与考察》，《新闻与写作》2016 年第 8 期。

［5］喻国明、樊拥军：《传媒产业集成经济平台的建构——兼论集成经济下的复合经济效益》，《当代传播》2015 年第 1 期。

［6］彭兰：《场景：移动时代媒体的新要素》，《新闻记者》2015 年第 3 期。

［7］彭兰：《如何在网络社群中培育"社群经济"》，《江淮论坛》2020 年第 6 期。

［8］彭兰：《网络的圈子化：关系、文化、技术维度下的类聚与群分》，《编辑之友》2019 年第 11 期。

［9］彭兰：《移动化、社交化、智能化：传统媒体转型的三大路径》，《新闻界》2018 年第 1 期。

［10］彭兰：《从"内容平台"到"关系平台"》，《新闻与写作》2010 年第 5 期。

［11］陈昌凤：《互联网治理：一种综合路径的探索》，《全球传媒学

刊》2017 年第 6 期。

[12] 陈昌凤：《社交时代传播语态的再变革》，《新闻与写作》2017年第 3 期。

[13] 陈昌凤：《媒体融合的核心：传播关系转型》，《中国记者》2014 年第 3 期。

[14] 宋建武：《区域平台与垂直平台：我国广电集团的转型战略分析》，《当代传播》2020 年第 1 期。

[15] 宋建武：《平台化：主流媒体深度融合的基石》，《新闻与写作》2017 年第 10 期。

[16] 宋建武、陈璐颖：《建设区域性生态级媒体平台——打造新型主流媒体的路径探索》，《新闻与写作》2015 年第 1 期。

[17] 张志安：《互联网平台的运作机制及其对新闻业的影响》，《新闻与写作》2020 年第 3 期。

[18] 张志安：《变迁与挑战：媒体平台化与平台媒体化——2018 中国新闻业年度观察报告》，《新闻界》2019 年第 1 期。

[19] 张志安：《平台媒体的类型、演进逻辑和发展趋势》，《新闻与写作》2018 年第 12 期。

[20] 谭天：《传媒经济的本质是意义经济》，《国际新闻界》2010 年第 7 期。

[21] 谭天：《基于关系视角的媒介平台》，《国际新闻界》2011 年第 9 期。

[22] 谭天：《媒介平台：传统广电转型之道》，《新闻记者》2013 年第 12 期。

[23] 黄升民、谷虹：《数字媒体时代的平台建构与竞争》，《现代传播》2009 年第 5 期。

[24] 黄升民：《融合：构建中国式"媒·信产业"新业态》，《现代传播》2010 年第 4 期。

[25] 谷虹：《全媒体转型必须以平台化再造为核心》，《媒体时代》

2012 年第 4 期。

[26] 钟瑛、邵晓：《技术、平台、政府：新媒体行业社会责任实践的多维考察》，《现代传播》2020 年第 5 期。

[27] 黄朝钦、钟瑛：《从"媒体平台"到"关系网络"——综合门户网站的经营现状与模式转型》，《现代传播》2014 年第 7 期。

[28] 胡正荣：《传统媒体与新兴媒体融合的关键与路径》，《新闻与写作》2015 年第 5 期。

[29] 方兴东、严锋：《网络平台"超级权力"的形成与治理》，《人民论坛·学术前沿》2019 年第 8 期。

[30] 邵林：《基于互联网逻辑的平台型媒体研究》，《南京邮电大学学报》（社会科学版）2015 年第 4 期。

[31] 贺宏朝：《"平台经济"下的博弈》，《企业研究》2004 年第 12 期。

[32] 洪长晖：《从内容平台到价值平台：区域电视媒体的转型之道》，《视听界》2016 年第 2 期。

[33] 陈波：《从用户争夺到平台融合——电视媒体与社交媒体联姻的动因、可能及路径》，《中国电视》2016 年第 3 期。

[34] 许同文：《媒体平台与平台型媒体：移动互联网时代媒体转型的进路》，《新闻界》2015 年第 13 期。

[35] 徐凤兰：《新媒体语境下媒体融合报道评价机制研究》，《中国出版》2018 年第 10 期。

[36] 陈接峰、许凌虹：《地面频道转型：在服务"三农"中获得价值提升——湖北广播电视台垄上频道产业链模式分析》，《电视研究》2015 年第 2 期。

[37] 陈小娟：《对农电视频道核心竞争力培育研究——以垄上频道为例》，《太原理工大学学报》（社会科学版）2013 年第 1 期。

[38] 邓秀松：《打造区域性生态级媒体平台——湖北广电媒体融合发展的探索》，《西部广播电视》2015 年第 22 期。

[39] 丁勤、田甜：《垄上行：服务成就价值》，《中国广播电视学刊》2012 年第 8 期。

[40] 王凯、徐雯、杜德同：《活动推广助推收视提升——以湖北电视垄上频道为例》，《新闻前哨》2017 年第 10 期。

[41] 毛莎、刘沫：《创新打造疫情防控与转型发展的融媒生态圈——以湖北长江垄上传媒集团疫情防控与转型探索为例》，《新闻前哨》2020 年第 6 期。

[42] 段京肃：《社会发展中的阶层分化与媒介的控制权和使用权》，《厦门大学学报》（哲学社会科学版）2004 年第 1 期。

[43] 刘蹇、李旭辉：《新农村建设中农村信息传播问题研究》，《农村经济与科技》2009 年第 9 期。

[44] 孟盈：《论媒介与社会关系在发展中的交互促进》，《复旦学报》2010 年第 4 期。

[45] 牛余凤：《传统农民与新型农民的特质分析》，《现代农业科技》2013 年第 7 期。

[46] 王丹、王文生：《中国农村信息化服务模式选择与应用》，《世界农业》2006 年第 8 期。

[47] 杨明品、李江玲：《中国广播电视公共服务理论几个基本命题探析》，《中国广播电视学刊》2011 年第 1 期。

[48] 杨明品：《中国广播电视公共服务发展模式选择》，《中国广播电视学刊》2009 年第 4 期。

[49] 袁正领、魏蕾：《对广播电视公共服务几个基本问题的思考》，《现代传播》2009 年第 1 期。

[50] 张国涛：《广播电视公共服务的基本内涵》，《现代传播》2008 年第 1 期。

[51] 张开云：《农村基本公共服务：现状评价与路径选择》，《学术研究》2009 年第 11 期。

[52] 张春华：《中国广播电视公共服务体系建设的全新语境研究》，

《编辑之友》2019 年第 8 期。

［53］周华姣：《从信息公平的角度来看信息弱势群体》，《河南图书馆学刊》2007 年第 4 期。

［54］冉华、窦瑞晴：《我国电视对农传播的整体现状——基于九个电视对农频道和两个农村地区的实证研究》，《湖北社会科学》2018 年第 5 期。

［55］陈娟：《中国农村类报纸市场化转型研究》，博士学位论文，暨南大学，2012 年。

［56］金璐：《中国对农电视公共服务模式研究——以湖北省荆州电视台垄上行栏目及垄上频道为例》，博士学位论文，武汉大学，2014 年。

［57］Granovetter, Mark, " Economic Action and Social Structure：The Problem of Embeddedness ", *American Journal of Sociology*, Vol. 91, No. 3, 1985.

［58］Hagiu A. , Two－sided Platforms：Pricing and Social Efficiency. DEL, 2005.

［59］Rochet, J. O. C. and J. Tirol, Two－sided Markets：An Overview, DEL, 2004.

后　记

　　本书是教育部人文社科青年项目"农村公共服务中电视媒体的平台化转型"和中南财经政法大学新闻与文化传播学院部校共建经费团队项目的最终成果。

　　电视媒体的融合转型，是我近年来持续关注的研究选题。当初确定以湖北垄上传媒为个案，研究农村公共服务中电视媒体的平台化转型，我其实心里并没有底。尽管喻国明、黄升民、彭兰、宋建武、谭天、张志安等国内知名教授围绕"平台型媒体""平台模式""媒体平台"发表了多篇权威文章，充分肯定平台化传播是传统媒体转型的必由之路。但是当时并没有成熟的、具有示范价值的个案研究。后来，我在文献的梳理中，发现湖北垄上传媒的"频道+渠道"的发展模式常被提及。我想垄上传媒依托湖北广电垄上频道多年积累的品牌公信力，搭建服务三农新媒体平台，实现农业产业链上中下游需求与服务精准对接的做法，不正是在扮演平台角色吗？我作为湖北的研究者，去研究湖北垄上传媒的转型实践，不正是天时地利人和吗？

　　我带着研究生去垄上传媒调研、实习，通过采访座谈和近距离的观察，我们获得了大量一手的研究资料。紧接着，我的论文《垄上模式：精准扶贫背景下涉农电视的"平台化"转型》在《编辑之友》2018年第4期上发表，这篇文章后来又被《人大复印资料·新闻传播》2018年第7期全文转载。论文的发表给了我很大的信心，于是我趁热打铁申报了当年的教育部人文社科青年基金项目。后来，我牵线搭桥促成湖北垄上传媒与中南财经政法大学共建媒体研究与实践教学基地，没想到就在2018年6月18日双方签署共建协议的当天，我又得到获得教育部人文社科青年基金项目立项的喜讯。这一切让我更加笃定这个选题是有价值的，我要把它做扎实！

在近三年的研究中，我得到了很多的支持和帮助：

首先，我要感谢张青、周丽、贾淞越、王茂、贾兰雨和段文钰等硕士研究生参与课题的前期调研，并展开了一些探索性的研究，延展了研究的半径。

其次，我要感谢学院领导和同仁的支持与配合。没有前任院长胡德才敦促青年老师积极申报课题，没有罗晓静院长号召我们申报新闻与文化传播学院部校共建经费团队项目，没有吴玉兰、余秀才、石永军、王大丽、张雯等老师的鼓励和指点，就难有教育部项目的成功申报，就难有团队项目提供的出版基金，就难有本书的最终成形！

再次，我要感谢中国社会科学出版社的张潜主任，她为本书的出版付梓给予了大力支持！

最后，我要感谢我的家人。感谢我的爱人汤文博先生对我工作的理解和支持！他是我最大的精神支柱！感谢我的父母、我的公婆，多年来我一直享受着他们的无私关爱，感激之情无以言表，唯愿这本小书能聊表心意。感谢我的儿子，他慢慢长大了，我们一家人一人一张书桌，聚在一间书房中看书写字的景象，也许会永远定格在他幼小的心灵中，这可能是他成长道路上的一点小确幸吧！

徐　锐

2021年11月3日